杭州市2024年度社科联基金项目“传播管理与危机公关”
（2024HZSL012）研究成果

公关思维

危机传播与管理的底层逻辑

刘 江 姚利权 著

U0527837

ZHEJIANG UNIVERSITY PRESS
浙江大学出版社
·杭州·

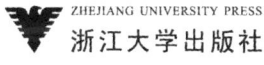

图书在版编目（CIP）数据

公关思维：危机传播与管理的底层逻辑 / 刘江，姚利权著. -- 杭州：浙江大学出版社, 2024. 11. -- ISBN 978-7-308-25463-2

Ⅰ. F272.9

中国国家版本馆CIP数据核字第2024RB7238号

公关思维：危机传播与管理的底层逻辑
刘江　姚利权　著

策 划 方	中合（杭州）后勤服务有限公司
责任编辑	顾　翔
责任校对	朱卓娜
封面设计	周　灵
出版发行	浙江大学出版社
	（杭州市天目山路148号　邮政编码　310007）
	（网址：http://www.zjupress.com）
排　　版	杭州林智广告有限公司
印　　刷	杭州钱江彩色印务有限公司
开　　本	710mm×1000mm　1/16
印　　张	15
字　　数	208千
版 印 次	2024年11月第1版　2024年11月第1次印刷
书　　号	ISBN 978-7-308-25463-2
定　　价	78.00元

版权所有　侵权必究　　印装差错　负责调换

浙江大学出版社市场运营中心联系方式：0571-88925591；http://zjdxcbs.tmall.com

推荐序一

危机传播与管理的前沿探索

公共关系作为一门跨学科、跨领域的综合性学科,在中国的研究时间并不长,但这个领域理论研究的深度与实践的广度正在不断深入和拓展。《公关思维:危机传播与管理的底层逻辑》一书正是这一领域具有深刻意义的理论探索与实践拓展的体现。这本书的问世,不仅增加了公关学界的理论积累,同时为我们理解并应对错综复杂的公关挑战提供了较为深刻的理论知识和较为实用的策略方法。

公关理论的发展,是一个伴随社会变迁和媒介环境演变而不断向前推进的过程。从早期的"单向传播"模式到现代的"双向互动"理念,公共关系领域不断吸纳新的思想范式,从而逐渐形成了一套相对完整的知识体系。在这个过程中,学者们致力于揭示公共关系的内在规律,建立公关效果的评估标准,探索公关策略的创新路径。特别是近年来,随着大数据、人工智能等新兴技术的广泛应用,传统的公关理论和模式面临挑战,学者和业界人士更加注重跨学科融合与创新,力求在复杂多变的现实环境中找到更为准确有效的应对方案。如何在瞬息万变的媒介环境中保持高度敏感,如何在多元包容的文化交流中达成有效沟通,如何在信息过载的时代里吸引公众注意力,都是公关学界亟须探索的议题。

公关实务是对公关理论的具体应用和实践检验,也是推动公关理论不断完善的不竭动力。在全球互联、万物皆媒的今天,公关实务的发展呈现出专业化、互动化、国际化的趋势。随着企业组织的社会责任感和可持续发展意识的增强,以及公众对知情权和透明度要求的持续提高,公关实务更加注重长效形象传播和品牌价值传播;同时,社交媒体等新兴传播渠道的兴起让公关实务更加注重与公众的双向互动和实时反馈,力求在最快的时间内把握舆情动态,有效地引导舆论走向;此外,跨文化交流在近年来也成为公关实务中的重要议题之一,如何在尊重文化差异的基础上,促进求同存异和文化互嵌,成为公关人面临的新挑战。

《公关思维:危机传播与管理的底层逻辑》一书将公关的内在逻辑和具体实践有机结合起来,为从业者提供了系统的理论框架和实践指导。全书分为9个章节,每章都围绕一个核心议题展开深入剖析,既有宏观的分析又有微观的操作路径,既注重历史经验的总结又关注对未来趋势的预测。这本书比较系统地探讨了危机传播与管理的时代背景、研究现状及其内在理路,将危机传播与管理置于风险社会、跨文化传播以及技术变革等多元语境下进行考察;同时,结合政府、企业等不同主体的危机传播与管理实践,通过理论概述、案例分析与方法论的总结,不仅为公关从业者提供了较为丰富的实战指导与经验借鉴,还有助于提高各行各业读者的公关逻辑和思维。这本书也展现了杭州市公共关系协会多年来在公共关系领域积累的实践经验和宝贵的案例,为公关行业的发展注入了新的活力。

《公关思维：危机传播与管理的底层逻辑》一书的面世，是中国公关学界和业界共同努力的结果，也是推动中国公关事业向更高水平发展的一次有力尝试。我相信，这本书的深入研读与应用，将有益于推动更多的研究者和从业者对公关理论和实践更广泛的深入思考，为中国的公关事业发展做出更多的贡献。

第十一届全国政协委员、外事委员会委员
新华通讯社原副社长兼常务副总编辑
2024年9月

推荐序二

理论与实践结合，提升公关研究水平

《公关思维：危机传播与管理的底层逻辑》的出版，是公共关系研究和实践人士密切合作，共同促进公共关系理论研究和实践运作的成果。这本书的出版不仅是对公关行业理论体系的丰富和完善，而且是对公关人理论和专业素养的一次有力提升，激励了公关行业不断探索公关理论与实践的新模式、新方法，共同构建更加健康、有序、充满活力的公关行业新生态，提升公关行业的专业化、系统化和国际化水平。

杭州是中国公共关系事业发展的前沿阵地之一，杭州市公共关系协会主动融入发展战略大局，在推动地方经济发展、提升城市对外形象、促进文化交流共融等领域不断砥砺前行，精耕细作。15年来，杭州市公共关系协会致力于成为公共关系行业的推动者，政府决策的智库，受到社会认可、公众信任的社会组织。杭州市公共关系协会已连续成功举办了14届在中国内地（大陆）及港澳台地区拥有广泛影响力的西湖公共关系论坛，连续成功举办了4届在全球范围内拥有广泛影响力的世界会长大会，连续11年组织发布"杭州市年度十大公共关系事件"，连续多年成功举办上半年经济形势分析会和"6·5世界环境日全国联动大型环保行动"等形式多样、内容丰富的公共关系主题活动。这种创新精神，正是《公关思维：危机传播与管理的底层逻辑》所倡导的核心价值之一。我对杭州市公共关系协会取得的成果和成就表示由衷的赞许，期待未来杭州市公共关系协会能够继续发挥引领示范作用，为中国公共关系行业的发展贡献更多力量。

公关思维不仅仅是理论研究，也不仅仅是技巧与策略的简单综合，而是对国家发展战略在理论和实践层面的深刻理解和思考，能够为国家服务的理论研究和实践。《公关思维：危机传播与管理的底层逻辑》一书，正是从这样的高度，深入剖析了危机传播与管理的核心机理与实践框架，为有效发挥公关在国家发展大局中的作用提供了理论思路和实践案例。本书通过融合适时传播与有效管理的双重视角，致力于全方位、多层次地向世界展示中国的形象。在此基础上，书稿进一步从风险社会、跨文化传播以及技术变革等多重背景出发，深入探讨了危机传播与管理的策略和经验，推动各行业从业人员善用、活用公关思维和技巧。同时，本书还从政府、企业及行业会议的角度出发，聚焦后疫情时代的有利契机，通过一系列兼具时效性和典型性的案例，分析探讨了应当如何顺应技术革新的浪潮，强化品牌的国际推广，构建多渠道、立体式的对外传播格局。

在推动公关行业协会发展的过程中，我们始终致力于以公关智慧提升行业的专业化、系统化、国际化水平，促进文明交流互鉴。《公关思维：危机传播与管理的底层逻辑》的出版，为这一进程注入了新的动力。这部著作是一部具有理论性、实践性和前瞻性的力作，以其独特的视角、深刻的洞察和实用的指导，阐述了危机传播与管理的底层逻辑，为我们在发生着巨大变化的时代中有效应对挑战、把握机遇提供了有力支持。我相信，只要公关研究学者和实践人士继续潜心努力，公共关系领域就一定可以获得新的进展。

第十三届全国政协委员、宁波市政协原主席
（杭州市委原副书记、常务副市长）
2024 年 9 月

自　序

公共关系（Pubilic Relations，PR），简称公关，这一概念首次出现在1807年美国总统托马斯·杰斐逊的国会演说上。对于公共关系的定义，学术界众说纷纭，其中有三种定义最为经典：美国学者雷克斯·哈罗博士将公共关系定义为一种管理职能，它帮助组织建立并维持与公众间的沟通、了解与合作，同时帮助组织了解公众舆论，参与解决问题，预测未来趋势；美国学者希尔兹（H. L. Chils）认为，公共关系是组织所发生的各种关系和从事的各种活动的统称，所有的关系与活动都具有公众性，具有社会意义；英国学者弗兰克·杰夫金斯则认为，公共关系由各种计划性的沟通、交往所组成，目的是运用有说服力的传播去影响重要公众，他强调公共关系是一种沟通过程。三种学说分别从管理、关系、传播三个角度对公共关系进行解读，各有侧重。

国内学者也在国外公共关系学术研究的基础上对该概念进行了解读。学者方宏进在其编著的《公共关系原理》一书中，将公共关系定义为一个组织同其所处的社会环境中各个部门和集体之间的关系的总和。北京大学的程曼丽教授认为，公共关系传播，即组织通过大众传播媒介，辅之以人际传播的手段，向公众传递信息的过程。学者张雷在其著作《公关理论精要》中指出，公共关系就是社会行为主体与其相关的个人、群体和组织之间形成的相互制约、相互影响、相互促进的状态，而公共关系活动则是社会行为主体为赢得社会理解、建立社会声誉、改善社会生存环境、争取社会各方支持所做出的努力。

此外，一些权威的公共关系组织也对公共关系进行了定义。美国公共关系协会提出：首先，公共关系是一个组织或一个人为获得大众信任和好感，以迎合大众兴趣来调整其政策和服务方针的一种持续性工作；其次，公共关系是对这种已调整的政策和服务方针加以说明，以获得大众的了解和欢迎的一种工作。英国公共关系协会提出：公共关系工作是为建立和维持一个组织和公众之间的相互理解而付出的一种有目的、有计划的持续努力。国际公共关系协会提出：公共关系是分析趋势、预测后果，向组织领导提供咨询建议，并实行一系列有计划的行动，以服务本组织与公众利益的艺术和社会科学。总而言之，权威公共关系组织均认为，公共关系是建立组织与公众间友好关系的一种策略。

综上，公共关系具有很强的社会性，且该概念的定义包含组织与公众两个要素，力求促成二者关系的健康良性发展。[1]

在超级全球化的大背景下，经济全球化、技术全球化、传播全球化三大核心力量相互交织，共同塑造着当今世界的面貌。[2] 在这个复杂多变的时代，全球公共关系处于智能媒体即时传播和虚假新闻反复上演的复杂环境中。全球公关人希望能够深入剖析国际传播面临的一系列具体问题，进而提出一套旨在提升国际传播能力的公关理论方法。这些方法并非空中楼阁般的乌托邦式实践，而是立足于现实，专注于建立国家、次国家以及非国家行为体与国内外民众和组织机构之间的信任关系。

---

[1] 张雷.公关理论精要[M].北京：高等教育出版社,2004.
[2] 陈先红,秦冬雪.全球公共关系：提升中国国际传播能力的理论方法[J].现代传播（中国传媒大学学报）,2022,44(6):44-56.

公关人努力对实践积累的丰富经验进行理论化梳理,同时又将系统化的理论知识付诸实践,使之更具可操作性和实效性。大量实践证明,公共关系不仅是理解战略传播和国际传播的关键途径,更是提升传播能力的重要工具。国际传播能力建设,实际上体现了一个国家在全球新闻和文化娱乐信息流动中的自由度和均衡性,展现了这个国家通过"媒体控制—媒体获得—媒体扩散"推广国际议题的能力,以及运用先进通信技术动员舆论的能力。同时,它也反映了以公共外交为名义推动公众参与的能力,以及以发展传播为手段推进世界各国现代化进程的能力。因此,在全球化的浪潮中,公共关系以其独特的理论和实践价值,正逐渐成为提升国家国际传播能力、塑造国际形象、推动国际交流与合作的重要力量。

目录

CONTENTS

第一章 危机传播与管理的背景现状 / 1

 一、危机传播与管理的时代背景 / 3

 二、危机传播与管理的研究现状 / 5

第二章 危机传播与管理的内在理路 / 19

 一、危机传播 / 22

 二、危机管理 / 26

 三、危机传播与危机管理的关系 / 36

 四、危机公关及应对原则 / 39

第三章 风险社会下的危机传播与管理 / 49

 一、风险社会理论 / 51

 二、风险社会与危机传播 / 56

 三、风险社会与危机管理 / 62

第四章 跨文化传播下的危机传播与管理 / 65

 一、跨文化传播理论 / 67

 二、跨文化传播与危机传播 / 74

 三、跨文化传播与危机管理 / 82

第五章　技术变革下的危机传播与管理　／91

一、5G 技术与公共关系　／93

二、大数据技术与公共关系　／100

三、人工智能技术与公共关系　／105

四、元宇宙技术与公共关系　／115

第六章　政府危机传播、管理与城市形象　／125

一、理论概述　／127

二、案例分析　／130

三、策略经验　／143

第七章　企业危机传播、管理与品牌塑造　／147

一、理论概述　／149

二、案例分析　／151

三、策略经验　／162

第八章　危机公关应对的杭州经验与实践　／167

一、理论概述　／170

二、案例分析　／173

三、策略经验　／191

第九章　世界会长大会中的公共关系　/ 201

一、世界会长大会的基本概况　/ 203

二、公共关系视域下的世界会长大会　/ 204

三、对世界会长大会的展望　/ 215

后　记　/ 221

第一章

危机传播与管理的背景现状

CHAPTER 1

城市自产生以来，就存在风险，城市与风险是相伴相生的。德国社会学家乌尔里希·贝克风险社会的概念在这样的背景下应运而生，由人类的社会活动产生的风险成了人类和谐社会隐藏的巨大危机。新媒体技术的出现，也让城市危机的处理变得更复杂。国内外关于城市危机处理方面的研究有许多，理论之间有共通性、继承性，它们对构建城市危机处理的基本逻辑与模型，并对人们思考如何将它们运用到现代社会具有启发性意义。

一、危机传播与管理的时代背景

（一）风险社会危机常态化

1986年，德国社会学家乌尔里希·贝克在其著作《风险社会》中首次提出了风险社会的概念，认为风险社会是由人类知识的增长和科学技术的不断进步所引发的不确定性造成的，是由现代化的工业发展模式催生的，是具有现代特性的危机产生的后果。[1]该理论认为，随着生产力和科学技术的发展，人们并不能高枕无忧地享受工业化带来的便利，反而处在一个危机一触即发的环境中，社会生活中充满危机。工业文明一方面创造了近乎完美的生活条件，但另一方面也带来了能够毁灭整个人类社会的风险。在全球化背景之下，风险不仅是某类人或者某个地区的问题，更涉及整个人类社会的各个领域，与每个人都密切相关。危机一旦发生，就会蔓延到社会

---

[1] 刘莹. 贝克"风险社会"理论及其对当代中国的启示[J]. 国外理论动态, 2008(1):83-86.

生活中的各个角落,对已有的生活秩序产生强烈冲击。从某种意义上来说,"风险"不同于"灾难","风险"是人为的,而"灾难"是由自然因素导致的。风险是暂时还没有发生的危机,是对现实存在的一种巨大的压力,可以通过社会管理的预警措施和科学、规范的行为对风险加以遏制。[1] 当年贝克教授在接受中国学者采访时就曾坦言:当代中国社会因巨大的社会变迁正步入"风险社会",甚至可能进入"高风险社会"。他认为:"我们现在不是要去讨论有没有风险,其实我们已经相信这些风险是客观存在的,而且它们会自始至终伴随着我们的生活。我们应该考虑的是怎样去面对风险、规避风险、化解风险。"[2] 在风险社会的背景下,危机四伏,如何快速且正确地处理危机事件是当下所有组织都需重视的课题。[3]

(二)媒介化社会中公民自我意识的崛起

媒介技术的进步给社会发展带来了更多的可能。从政治上来看,媒介为公民提供了民主的可能,任何人都可以通过媒介发声;从经济上看,在信息社会中,人们只有大量吸收来自媒介的信息,才能够满足生活需要,媒介信息现处于整个社会的中心地位;从文化上看,媒介引领社会潮流。在媒介高度发展的今天,社会变得媒介化,大众传媒在社会中的作用日益凸显。人们不断地通过媒介获取信息,又通过媒介发表自己的观点,由此导致对媒介的依赖逐渐加深。此外,由于现代人对媒介高度依赖,因此人们所感知到的风险往往来自媒介所传播的信息。如马歇尔·麦克卢汉所言,媒介是人的延伸,媒介可以推动人们对事物形成抽象、深层的认识,并以此反作用于社会。因此,媒介化社会会放大现代化风险。如今的危机传播大多建

---

[1] 刘玮.社会风险媒介化传播的反思[J].现代传播(中国传媒大学学报),2013(11):163-164.
[2] 薛晓源,刘国良.全球风险世界:现在与未来——德国著名社会学家、风险社会理论创始人乌尔里希·贝克教授访谈录[J].马克思主义与现实,2005(1):44-55.
[3] 李佳敏.危机事件与政府媒介应对:基于风险社会的研究视角[J].新闻知识,2020(3):75-79.

立在风险社会的基础之上，风险的常态化使得危机公关行为变得尤为重要。在媒介化社会中，危机传播往往具有"媒体抢占媒介资源""公众注意力失焦""危机信息飞速传播"等特点，因此在风险发生时，公众能够第一时间通过媒介掌握最丰富的信息并根据信息做出自己的判断。且随着公众意识的觉醒，他们在面对危机时不再事不关己高高挂起，反而会以更积极的姿态介入危机事件，并通过媒介的力量去督促危机的解决。以"唐山打人事件"[①]为例，公众在知晓事件后纷纷发声，倒逼当地有关部门对事件原委进行调查并以最快速度告知公众真相与解决方案。由此不难发现，媒介化社会的公众有着更强的自我意识，会在面对社会危机时保持持续关注的态度，这就要求包括企业、政府在内的公关主体具备完善的危机预警机制与快速的危机应对能力。[②]

二、危机传播与管理的研究现状

危机公关是公共关系领域一个十分重要的核心议题，实际上它指的是在危机爆发后，在危机管理过程中，利用公共策略来与关注事件的公众进行对话与沟通，处理有关的负面信息，从而最大限度地弥补损失，重建个人或组织形象。[③] 危机公关的定义主要包含五个方面的要素：第一，危机公关的主体是社会组织，客体是公众；第二，危机公关的载体是突发事件或潜在、显在的问题；第三，重大的公关危机会严重阻碍社会组织的经济、社会目标的实现；第四，危机公关给予组织决策和回应的时间极短，尤其伴随着新媒体的普及，公众可以通过各种媒体对事件快速发声，这对组织的管理

[①] 唐山打人事件是指，2022年6月10日发生在河北省唐山市的一起暴力殴打他人事件。同年6月11日，9名嫌疑人全部落网，伤者伤情稳定。
[②] 吴佳睿.试析风险社会和媒介化社会下的危机传播：以新冠肺炎疫情为例[J].就业与保障,2021(8):191-192.
[③] 廖为建,李莉.美国现代危机传播研究及其借鉴意义[J].广州大学学报（社会科学版）,2004(8):18-23+39-93.

能力提出了很强的时间性要求;第五,危机公关会影响组织在公众心目中的形象。

危机公关属于危机管理的一个分支,早期关于危机管理的研究主要集中在政府领域。20世纪80年代初期,发生在美国的"泰诺投毒案"[①]连夺七命轰动社会各界,该事件也成为美国业界与学界研究危机传播策略的开端。危机管理的研究范围也慢慢扩展到企业和商业领域,由此演化出"危机公关"这一新兴研究课题。当前,关于危机管理的研究视角,可以从三方面来看,即管理学、传播学与公共关系学。管理学将危机传播与危机管理等同起来,认为危机传播本质上是一种管理活动。库姆斯(W. Timothy Coombs)认为,对危机传播的研究应该侧重于对危机中传播策略的研究,即组织在危机事件发生后选择"说什么"和"怎么说",而这个选择的过程也就是管理的过程。[②]传播学注重探究危机信息的生产过程与传播特征、传播策略,即探究企业在面对危机时应该"说什么"与"怎么说",从5W模式出发,探究危机主体、媒介与危机传播内容、受众与危机处理效果之间的关系。公共关系学的视角聚焦于危机公关和危机修辞,这两者的目的都是通过有效的沟通与行动最大限度地减少组织或个人形象与声誉的损失。

(一)国外研究现状

通过梳理国外关于危机公关的文献资料,可以看到国外关于危机公关的研究主要集中在两个方向上。一方面是考察企业与组织的危机传播策略的制定,探讨这些传播策略对危机处理的实际效果,并且重视在危机处理的情境中公共关系部门处理危机、展开传播的专业性、自发性、自主性与

[①] 从1982年起,有7个美国人因服用泰诺而中毒身亡,此所谓泰诺投毒案。此后,强生集团回收了1003瓶泰诺并积极调查,但本案至今仍是一个悬案。
[②] Fearn-Banks K.Crisis Communications:A Casebook Approach[M].Mahwah,New Jersey:Lawrence Erlubaum Associates,1997.

决策实施权力等问题的公共关系取向。[①] 另一方面则是与其他相关学科的交叉研究，以修辞符号为重点，探究危机管理者在危机情境下如何利用危机言辞修复组织形象、克服危机[②]，具有明确的实践导向。

在第一类研究中，世界著名公共关系理论家詹姆斯·格鲁尼格提出的卓越公共关系理论，将公共关系视为组织与其相关公众的沟通管理，被认为是20世纪80年代后公共关系研究的主导理论范式。[③] 他提出的公共关系传播的四种模式分别是：新闻代理模式、公共信息模式、双向不对称模式和双向对称模式。其中，双向对称模式更有利于创造出一种基于共同动机、协调性倡导和合作性对抗的双赢局面。[④]

同时，第一类研究还着重研究危机公关中组织的自主性与专业性，因此对公关处理的过程也做了详细的讨论。斯蒂文·芬克在1986年提出了危机传播四阶段论，揭示了企业危机的生命周期；伊恩·米特洛夫在1994年提出了危机管理的五阶段模型，这又被称为"M模型"；诺曼·R.奥古斯丁则将危机管理过程划分成6个不同的阶段。

在第二类研究中，威廉·班尼特在1997年率先提出了"形象修复理论"，这个理论强调个人或组织最重要的资产是其声誉。

（二）国内研究现状

国内外危机传播的研究开始的时间相差了接近30年，学者胡百精认为，2003年的"非典"事件揭开了中国危机传播研究的序幕，为学界提供了前所未有的"社会控制性实验"和"社会叙事的典型框架"。由此可以看出，国内关于危机公关的研究历程较短。在研究方向上：有的将目光聚焦在国外

---

① 吴宜蓁.危机传播公共关系和语艺观点的理论与实证[M].苏州：苏州大学出版社,2004:10.
② Benoit W L .Image Repair Discourse and Crisis Communication[J].Public Relations Review,1997,23(2):177-186.
③ 黄懿慧，吕琛.卓越公共关系理论研究30年回顾与展望[J].国际新闻界,2017,39(5).
④ 詹姆斯·格鲁尼格.卓越公共关系与传播管理[M].北京：北京大学出版社,2008:45-46.

危机公关研究成果的适用性上；有的则通过分析归纳整理大量危机案例，注重危机应对策略的指导性与实践性，结合中国政府与企业的危机传播特征提出新理论与新传播策略，此即公关理论的本土化创新。此外，还有学者注意到修辞语言在危机公关研究中的重要价值，进而对公关修辞策略和观念展开研究。

1. 对国外危机公关研究成果的分析与适用性讨论

学者胡百精在研究格鲁尼格的卓越公共关系理论时，敏锐地察觉到了其中提到的双向对称模式忽略了现实中沟通双方在权力上实际的不平等，提出事实与价值二分的模型，从本体论和认识论层面拓展了理论认知，将组织面对的危机分为事实层面的损害和价值意义的损害，在事实维度做到真相互通与利益互惠，证明利害关系中的清白，使利益相关者进入对话范畴，同时在公利与私利之中找到平衡。[①]

史安斌总结出了西方危机传播范式的三个重要取向，即"管理取向""修辞取向""批判取向"。"管理取向"聚焦于危机传播中的"传者"环节，关注组织自身的自主性、专业性、决策能力和传播策略有效性等问题，这一取向的研究大多采用定量研究的方法。"修辞取向"聚焦于危机传播中的"信息"环节，从修辞学的角度，探讨危机发生后组织的形象管理和辩护策略，旨在帮助组织运用各种话语和资源来化解危机，挽回形象，这一取向的研究大多数采用定性研究方法。"批判取向"则将危机传播的过程看作动态的话语冲突和调和过程，以区别"管理取向"和"修辞取向"这种单向的线性传播。[②]

黄懿慧在班尼特的形象修复理论的基础上进一步完善并增加了四种形

---

① 胡百精. 危机传播管理[M]. 北京：中国人民大学出版社, 2016:94.
② 史安斌. 危机传播研究的"西方范式"及其在中国语境下的"本土化"问题[J]. 国际新闻界, 2008(6):22–27.

象修复策略。其一,"形式上致意",即通过使用"遗憾""痛心"等带有情感色彩的词语,表达对危机受害者的关怀、同情、感同身受,但并不为危机承担责任;其二,"提供信息",即向利益相关者提供有益的信息;其三,"构建新议题",即通过构建新的话题来分散或转移社会的注意力,以减少危机主体的压力;其四,"不做评论",即保持沉默,对危机事件不做过多的解释和说明,以免引发次生危机。①

吴宜蓁在整合了班尼特的形象修复理论和库姆斯的情境危机传播理论的基础上又增加了三个子策略,即哀兵、提供信息、建构新议题。②

2. 公关理论的本土化创新

学者胡百精、游昌乔等人基于国外已有理论,结合中国危机公关与传播的特征,不断进行公关理论的本土化创新与拓展。

胡百精在《危机传播管理》中提出了危机传播管理的3F假设和3C假设。3F假设包括干预信息流、引导影响流、消解噪声流,3C假设包括重构信息共同体、利益共同体和价值共同体。③

邵华东教授的著作《企业公关危机管理研究》从理论层面深入研究企业公关危机管理,在前人理论研究的基础上创造性地提出了ICC模型,他认为企业的公关危机来自企业的形象危机(image crises)、行为危机(conduct crises)和传播管理危机(communication crises)。④

国内著名的危机管理专家游昌乔提出了许多富有实践意义的公关理论。2006年在《危机管理中的媒体应对方法》中,他提出了危机公关5S原则。⑤此外,他还提出的公关传播5B原则,以结合点(binding point)、支撑点

---

① 黄懿慧. 危机回应:浅谈形象修复策略 [J]. 公关杂志,2001(42):38–41.
② 吴宜蓁. 危机情境与策略的理论规范与实践 [J]. 国际新闻界,2013(5):33–42.
③ 胡百精. 危机传播管理 [M]. 北京:中国人民大学出版社,2009:33–34.
④ 邵华冬. 企业公关危机管理研究 [M]. 北京:中国传媒大学出版社,2012.
⑤ 游昌乔. 危机管理中的媒体应对方法 [M]. 北京:北京大学音像出版社,2004.

（backstop）、亮点（bright point）、沸点（boiling point）、保护点（bodyguard）五点构成公关传播的五个重要节点，在公关传播中形成一个完整体系，以保证传播效果。①

王微将目光聚焦于中国企业，认为中国企业在对危机时应当结合中国特色与国情。其在此基础上提出了中国式危机公关"9+1"策略，即沉默、围魏救赵、情感公关、慎用信息控制、挑明真相、道歉先行、依靠主管、供应链优先、质量问题4步走、强大执行力。其中强大执行力为"1"，统领其余"9"种策略。②

3. 公关修辞研究

在修辞方面，不少学者对危机公关的语言进行研究，并注意到语言研究在公关危机应对研究中的重要价值。

学者罗业恺从危机公关语言与一般公关语言的不同之处出发，强调语言对危机公关的重要性，认为危机公关语言比一般公关语言具有更强的目的性、时效性。③ 史灿方考察了在危机公关中常常出现的6种语误现象，如信息失真、逻辑失理、语法失范、语气失当、态度失诚等。④

柴欣按照引发危机公关的事件的性质，将其分为错误性事件及非错误性事件，并通过对中外经典案例的分析，着重研究了非错误性事件的危机公关三大语言的组织策略与应用技巧。⑤

金明鑫综合运用修辞学理论、隐喻理论和危机传播学理论，通过分析网络公关历史上经典且影响力广泛的公关个案，考查企业在网络公关中应

---

① 中国经营网.关键点传媒游昌乔"公关传播5B原则"获知识产权保护[EB/OL].(2012-6-21)[2024-6-11].http://www.cb.com.cn/index/show/kx/cv/cv135245941364.
② 王微.中国式危机公关9+1策略[M].北京：当代中国出版社,2007.
③ 罗业恺.危机公关中的语误现象分析[J].成都电子机械高等专科学校学报,2009(1).
④ 史灿方.危机公关中的语误现象分析[J].广播电视大学学报,2012(5).
⑤ 柴欣.非错误性事件的危机公关语言策略研究[J].艺术科技,2017(7).

该运用哪种修辞手段,这些修辞手段的效果如何,是否有助于修辞目的的达成,即"说什么,怎么说,才能有效果"的问题。[①]

万安伦提出了新闻发言人的五度原则。其一,高度。新闻发言人是公众人物,必须有认识上的高度;公众人物拥有更多的社会资源,理应承担更大的社会责任。其二,态度。面对媒体,我们要记住三件事:第一是态度,第二是态度,第三还是态度。而态度就是一个字——平,要非常平和、平等。其三,风度。我们必须保持谦虚低调,不能得意忘形,不能口出狂言。此外,风度还包括发言人的气质以及解答方式的幽默程度。其四,气度。不要过于计较记者的态度,要学会温良恭俭让。其五,尺度。对待任何事情都不要有过激反应,不要自我纠结,特别是不要使自己成为话题甚至成为关注的焦点。[②]

(三)主要理论及概念

1. 风险社会理论

前文已详细介绍了德国社会学家乌尔里希·贝克在《风险社会》一书中提出的"风险社会"概念。风险社会的突出特征有两个:一是具有不断扩散的人为不确定性逻辑;二是导致了现有社会结构、制度以及关系向更加复杂、偶然和分裂状态转变。[③]风险社会理论为理解现代社会提供了重要视角,为反思当代世界与社会发展提供了重要的理论工具。

2020年初全球新冠疫情的暴发与蔓延证实了现代社会具有风险社会的特征,并对全球政府的危机公关能力带来了巨大的挑战。危机与风险是紧密联系的,在人类面临的众多风险当中,恐怖袭击风险、金融风险和新型

[①] 金明鑫.网络危机公关修辞与传播:基于腾讯、360公司公开信的对比分析[D].南京:南京大学,2014.
[②] 万安伦.新媒体时代的新闻发言和舆情研判[J].新闻文化建设,2020(2):104-107.
[③] 乌尔里希·贝克.风险社会[M].南京:译林出版社,2004.

突发传染病风险被视作21世纪全球面临的三个最不容小觑的风险。这些风险会对国家整体经济与社会安定造成根本性的影响。

伴随着社会快速变迁以及全球化发展，中国早已进入风险社会，面临着来自经济、政治、生态和技术的多层次风险挑战。2020年的新冠疫情提醒我们，在风险社会的大背景下，政府与企业随时面临风险向危机转化的可能，这对他们的风险管理与应对能力提出了更高的要求。如何有效预防风险、管理风险，如何避免风险转化为危机，维护企业形象，已经成为风险社会中政府与企业亟须考虑的事情了。

2. 突发事件与危机

在国外，突发事件（emergency）又被称为突发危机事件（sudden crisis），通常是指难以预料、毫无征兆突然发生的、采用常规管理方式没有效果的事件。[①]《中华人民共和国突发事件应对法》将突发事件定义为，突然发生，造成或者可能造成严重社会危害，需采取应急措施予以应对的自然灾害、事故灾难、公共卫生事件和社会安全事件。突发事件具有难以预测、突然性强的传播特征，许多突发事件会进一步上升为危机事件，很多专家学者甚至称突发事件为突发危机事件。突发事件与危机有一定的共性，但两者性质并不相同，因此要正确区分二者。

在国内，从2008年的三鹿奶粉危机到2020年的新冠疫情，再到小红书"涉嫌泄露未成年人隐私"事件、星巴克门店使用过期食材事件等，可以看到，政府与企业在风险社会中面临着各种各样的危机。"危机"二字看似容易理解，实则当前学界并没有就其定义达成共识。由于危机研究领域的跨学科性，"危机"这个概念本身也呈现出多样性与复杂性。

《辞海》将危机释义为：潜伏的祸机；严重困难的关头。

---

① 张伟. 基于突发事件的微博用户行为分析[D]. 哈尔滨：黑龙江大学，2019.

查尔斯·赫尔曼将危机定义为一种形势，形势的变化出乎决策者的意料，决策者的根本目标受到威胁，做出反应的时间有限。[1]

国外学者凯瑟琳·弗恩-班克斯将危机定义为，对组织、企业或产业可能造成潜在负面重大影响的重大事件，此事件也可能波及该组织的公众、产品、服务或名声，因此冲击组织的正常运作，甚至威胁组织的生存。[2]

乌里尔·罗森塔尔将危机定义为：对一个社会系统的基本价值和运行结构产生严重威胁，并且在时间紧迫、不确定性很强的情况下，必须做出关键性决策的事件。[3]

许莉认为，危机大多带有潜伏性，爆发前都有一个由弱到强、由隐蔽到外显的逐步积累、发展的过程。[4]

胡百精将危机定义为，组织外部环境和内部系统突然变化，可能破坏正常的秩序和目标，要求组织快速决策、做出回应的威胁性事件、状态或结构。[5]其在《危机传播管理》一书中也指出，危机具有必然性与偶然性、渐进性与紧迫性、破坏性与建设性、个体性与公共性等特征。[6]

福斯特·罗杰斯认为危机具有四个显著特征：亟须快速做出决策，严重缺乏必要的训练有素的员工，严重缺乏物质资源，时间极其有限。[7]

从以上梳理可知，危机的定义纷繁复杂，可以看出危机具有隐蔽性强、破坏性强、难以预测、社会影响大等特征。通过综合比较国内外不同学者对危机的定义可知，危机被定义为一种情况，它会给组织机构以及利益相

---

[1] Hopmann P T. International Crises:Insights from Behavioral Research[J].The American Political Science Rview,1974,68(4):1861-1863.
[2] Fearn-Banks K.Crisis Communication:A Casebook Approach[M].Mahwah，New Jersey:Lawrance Erlbaum Associate,1996.
[3] 乌里尔·罗森塔尔.应对危机：灾难、暴乱和恐怖行为管理[M].郑州：河南人民出版社,2014.
[4] 许莉.我国大型体育赛事危机公关应对策略的初步研究[D].北京：首都体育学院,2009.
[5] 胡百精.危机传播管理[M].北京：中国人民大学出版社,2009:11.
[6] 同上.
[7] 罗伯特·希斯.危机管理[M].北京：中信出版社,2001.

关者带来无法估量的后果。危机事件一旦爆发，就如洪水猛兽一般来势汹汹、难以阻挡。企业与组织在面对危机时，如果不能及时妥善处理，错过最佳的处理时机，轻则损失市场与利益，重则面临生死存亡。

3. 危机公关的相关理论

（1）3T 原则

迈克尔·里杰斯特在《危机公关》一书中提出了危机处理的 3T 原则，即 tell you own talle（以我为主提供情况）、tell it fast（尽快提供情况）、tell it all（提供全部情况）。①

（2）公关传播 5B 原则

公关传播 5B 原则是指，结合点、支撑点、亮点、沸点、保护点五点是公关传播的五个重要节点，它们在公关传播中作为一个完整体系，能够保证传播效果。②

结合点：品牌传播是为品牌的长期发展服务的。一个品牌的传播方向是否正确，取决于是否符合品牌的个性；而品牌传播是否有效和有力，则取决于有没有挖掘出品牌的核心内涵，有没有找到与品牌之间最契合与牢固的结合点。如若找不到结合点，品牌传播就会南辕北辙，达不到传播的目标并造成对品牌的伤害。

支撑点：品牌建设不是空中楼阁，一切传播都必须有落地的措施与行动予以支撑。

亮点：在品牌传播中，只有拥有能引起公众关注、媒体兴奋的亮点，才能事半功倍。

沸点：品牌传播一定要保证足够的传播量，如此才能达到预期的传播

---

① 迈克尔·里杰斯特. 危机公关 [M]. 上海：复旦大学出版社, 1995(30).
② 中国经营网. 关键点传媒游昌乔 "公关传播 5B 原则" 获知识产权保护 [EB/OL].(2012-6-21)[2024-6-11].http://www.cb.com.cn/index/show/kx/cv/cv135245941364.

效果。

保护点：多元化与低门槛的媒体时代，使得公关传播的过程在引起公众关注的同时，势必会引来一些疑问。要想掌控舆论，使其走向预定的方向，就必须在事前找到各个层面及各个环节的保护点，做好危机管理与危机公关，为品牌传播保驾护航。

（3）阶段分析理论

企业组织与学者按照危机发展的周期变化，将危机划分成不同阶段，进而提出了一系列阶段分析理论。1986年，斯蒂文·芬克从病理学的角度率先提出了危机的四阶段生命周期模型。其一，危机潜伏期（prodromal）：是危机处理的最容易的时期，但是却最不易为人所知。其二，危机发作期（breakout）：是四个阶段中时间最短，但是感觉最漫长的阶段，而且这个阶段会对人们的心理造成最严重的冲击。其三，危机蔓延期（chronic）：是四个阶段中时间较长的一个阶段，但是如果组织危机管理得力，将会大大缩短这一时间。其四，危机痊愈期（resolution）：在危机痊愈期，尽管组织已从危机影响中解脱出来，但仍要保持高度警惕，因为危机随时可能再来。芬克认为，危机的爆发如同病原一样有迹可循，应当注重危机防范。[1]

米特洛夫在1994年依据危机管理的阶段变化将危机分为五个阶段，这个模型又称"M模型"：信号侦测期（signal detection），识别危机发生的警示信号并采取预防措施；准备和预防期（preparation and prevention），组织成员搜寻已知的危机风险因素并尽力减少潜在损害；控制期（damage containment），危机发生阶段，组织成员努力使其不影响组织运作的其他部分或外部环境；恢复期（recovery），尽可能快地让组织运转正常；学习期（learning），组织成员回顾、审视和整理所采取的危机管理措施，使之成为

---

[1] Fink S.Crisis Mangement:Planing for the Inevitable[M].Netwark,New Jersey:Amacom,1986.

今后的运作基础。[1] 米特洛夫的这个模型与斯蒂文·芬克的模型有相似之处，他的前两个阶段对应芬克的危机潜伏期，第三个阶段对应发作期，第四、五阶段对应危机痊愈期。他的五阶段模型从管理学的视角出发，重视组织每个阶段的应对策略，并强调应当对危机处理进行反思。

诺曼·R.奥古斯丁提出了危机管理的六阶段理论。其一，危机预防。在这一阶段，企业管理者必须竭力减少风险。在企业不得不承受风险时，必须确保风险与收益相称。对于无法避免的风险，必须建立恰当的保障机制。其二，危机准备与管理。企业需要为预防工作失效做好准备，包括建立危机处理中心，制订应急计划，事先选定危机处理小组成员，提供完备、充足的通信设施，建立重要的关系等。其三，危机界定。企业通过收集各种有效的信息，确认危机已经发生，并找出危机的根源。尽快地识别危机是有效控制和解决危机的前提。在收集危机的相关信息时，企业需要尽可能倾听各种不同公众的看法，企业也可以寻求外部专家的帮助。其四，危机抑制。企业需要根据不同情况确定控制工作的优先次序，尽可能将危机所造成的损失控制在最小的限度之内。其五，危机解决。根据危机发生的原因，实施针对性强的危机解决对策。危机不等人，在这一阶段，速度至关重要。其六，危机总结。如果企业在危机管理的前五个阶段做得较好，在第六阶段就可以拥有一个至少能弥补部分损失和纠正所造成的错误的机会。[2] 奥古斯丁基于米特洛夫的阶段理论，又创新提出了危机界定这一阶段，强调对危机的明确也是危机管理的重要环节。

关于危机阶段划分的理论多种多样，目前实用性和认可度最高的阶段

---

[1] Mitroff I.Crisis Management and Environmentalism:A Natural Fit[J].California Management Review,1994, 36(2),101-113

[2] Augustine N R.Managing the Crisis You Tried to Prevent[J].Harvard Business Review,1995,73(6):147.

论述为"三阶段说",即危机潜伏期、危机爆发期、危机恢复期。[1]危机潜伏期重点在于形象塑造,包括危机议题管理、风险防范、关系建立三个方面;危机爆发期重点在于发挥前置准备的作用,与利益相关群体有效沟通;危机恢复期在于恢复至危机发生前的组织情况,并对危机应对经验进行学习。[2]"三阶段说"相对于其他模型,整体论述结构简明,并使其他几种分类模式实现了较好的融合。

---

[1] Coombs W T.Ongoing Crisis Communication:Planning,Managing and Responding[M]. Los Angeles:Sage Publications,2010.

[2] Turner B A,Pigeon N F.Man-Made Disaster(2nded)[M].Oxford:Butterworth Heinemann,1997.

第二章
危机传播与管理的内在理路
CHAPTER 2

在学术界和业界经常会出现"危机管理""危机公关""危机传播"等不同的术语，很多人会将这三个术语混用。其实，这些术语名称虽然都带有"危机"二字，但是由于所立足的学科不同，其研究范围、研究内容、关注重点都不尽相同。因此，在讨论危机公关的理论和实践之前，我们有必要梳理三者的关系与区别。

本书亦对这些术语进行了简单区分。首先，危机公关与危机管理在内容的切入点上大为不同。危机管理是针对危机事件的全过程进行多维度、技术性、全面管理层面的干预与调整。而危机公关是从信息沟通、关系协调的危机传播管理角度去预防、应对、解决危机事件的。其次，危机传播和危机公关二者在危机事件的着眼点、研究方向、关心的基点、处理的重点、利益攸关上各不相同。[①] 其一，在着眼点方面：危机传播是站在媒体或者第三者的立场上去看待舆情、舆论的；危机公关则是站在社会组织（一般不包括各类媒体组织）的角度去看待并处理危机的。其二，在研究方向上：危机公关研究的重点十分集中，就是如何去消除危机；而危机传播则研究危机事件的发生原因、过程、结果及规律等。其三，在关心的基点上：危机公关将传播视为一种消除危机的手段；而危机传播则将危机事件视为一个传播对象并对它进行剖析。其四，在处理的重点上：危机公关着力去恢复组织或

---

① 马志强. 谈谈危机公关和危机管理、危机传播之间的关系和作用 [J]. 公关世界, 2017(5):44-49.

个人的形象；而危机传播更关心发生危机事件后如何去处理组织或个人与媒体之间的关系。其五，从利益攸关来看：危机公关站在组织的角度处理危机事件，具有强烈的功利性；但危机传播则更多地站在第三方的角度上，组织是否受损与其没有太大的关系。

一、危机传播

（一）危机传播研究概述

危机传播研究是公关领域的一个范式，班尼特的形象修复理论和库姆斯的情境危机传播理论是该范式下的主流理论。在近期学界的危机公关研究中，前者包含的形象修复策略（如规避、否认、道歉等）与后者的理论工具（如道歉与责任归因）被放到不同国家情境下进行检验。其中，文化差异是讨论最多的影响因素。此外，非传统形式的危机也得到了探讨：未遂事件与实际危机产生的消极结果大致相同，都会引发不良结果与负面认知；"调查中的危机"需要组织采取"承认并等待"策略，并做好准备随时应对危机责任变化带来的新情况。

"社会建构危机模型"（social constructionist crisis model）则带来了更为独特的危机认知。该模型从事件（cause）、文本（text）、意义（meaning）和情境（context）四个维度分别强调了危机的记忆共建性、语言复杂性、意义丰富性以及情境独特性。

在危机中，组织与内部公众（员工）之间的人际关系和对称沟通能够提高员工的参与度以及对问题的感知度，而员工的能力、信念和积极沟通的行为有助于为组织创造一个恢复力系统，这也就体现了提高组织内部管理效率和团结度的重要性。与其他的利益相关者不同，"信仰者"是其中特殊的存在，是捍卫组织声誉的重要平行力量。

与传统媒体相比，社交媒体具有更强的交互性和更广的传播范围，在降低危机责任感方面更有优势，信息指导、共情、系统的组织学习和有效的组织修辞可以提高社交媒体上公众对组织危机的积极情绪，然而对它们如何共同或独立地影响危机传播，以及信息传递和媒体选择在多大程度上影响危机恢复，都需要从传播效果的广泛变异性方面展开研究。

"社交媒体危机传播模型"在危机信息传递之前加入了信息审查步骤，这对于公众对信息内容的判断和选择来说是一个扩展。危机传播中的威胁信息被认为会促进危机责任归因，进一步损害组织声誉，而以提高公众自我效能为特征的信息内容则有助于保护组织声誉，故研究者进一步构建了自我效能信息（指导信息和调整信息）质量量表。具体到危机应对策略，研究者多采用实验方法验证在特定危机情境下不同危机应对策略的有效性。例如，事实阐述和员工支持策略被证明会直接影响危机应对效果，信息质量感知在纠正性沟通中将起到中介作用。在数据泄露危机中，组织表达悔恨、承认责任、承诺忍耐和提供赔偿都有助于公众提升对组织道歉的认知。针对叙事说服（narrative persuasion）策略，不同的研究者揭示了其固有的矛盾：一方面，根据叙事参与理论（narrative engagement theory）对故事有效性的阐述，讲故事的危机应对方式被证明可以增强对组织的信任，降低危机责任感知；但另一方面，公众却更喜欢发言人直接提供非叙事性信息而非故事性信息来处理媒体关系。此外，对美国联合航空公司危机的案例研究检验了7种利益相关者的危机应对策略——信息寻求、说服、咨询、威胁、动员、合作和无回应的有效性。

总的来说，危机传播研究一直以来致力于维护组织声誉，最大限度地阻止危机的发生和扩散。没有止步于最早的形象修复理论和情境危机传播理论，危机传播研究与时俱进，不断与当下的事实案例结合，进行理论的扩展。

（二）班尼特的形象修复理论

20世纪90年代，班尼特提出了形象修复理论，他认为，修复受损的组织形象，须以公众的认知和态度为前提：公众对组织责任的主观看法比危机事件的真相本身更重要。只要危机降临到组织头上，无论在法律、技术和事实上如何裁决，公众都会主观认定该组织乃是责任主体。班尼特进一步解释说，被指责的冒犯在事实上未必如此，完全由公众的认知和感觉来决定；组织的责任归属亦非基于事实做出的判断，只要公众认为组织与此行为有关联，就会产生关联性问责。由此可见，公众的态度及其对组织责任的认定，是影响组织形象修复的前提条件。因此，组织在处理危机事件，试图进行形象修复的时候，尤其需要关注这一前提。若想当然地承担或拒绝自己"事实上"的责任，则很难修复和改善自身形象。对此，班尼特提出了"否认事实、回避责任、淡化处理、修正行为、诚意致歉"这五种形象修复策略。

（三）库姆斯的情境危机传播理论

情境危机传播理论（SCCT, situational crisis communication theory）是由库姆斯在归因理论的基础上提出的。该理论主张，公众在危机中对组织的归因责任越大，危机对组织声誉的威胁就越大。因此当危机发生时，组织应基于不同危机的类型，采取相应的回应策略，以修复名誉，减少危机造成的负面影响（见表2-1）。情境危机传播理论基于危机的类型和过往危机史（即过往声誉）两个向度构建了舆论危机分析及修复的三层次指标：根据利益关系人对组织的归因大小确认危机类型；分析涉事主体的危机史和历史形象；结合前两者得出形象修复策略。

表 2-1 舆论危机及修复的三层次指标

危机类型	危机回应策略
受害者型危机 自然灾害；谣言；工作场所暴力；产品破坏	否认策略：攻击原告；否认；找替罪羊 组织否认危机的存在，或者将责任转给其他组织或个人
意外型危机 挑战；技术性错误事故；技术性错误导致的产品召回；环境污染	淡化策略：借口；辩解 组织承认危机，淡化危机，使公众相信危机的发生非组织故意所为
可预防型危机 人为失误事故；人为失误导致的产品召回；未造成伤害的组织失误；造成伤害的组织失误；组织管理的不当行为	重建策略：补偿；道歉 组织愿意承担更多或全部责任，并以勇敢认错、道歉等方式来挽回形象

注：受害者型危机指组织也是受害者的危机，危机的责任方不是组织，或者组织只承担轻微责任；意外型危机指由意外因素导致的危机，此时的危机是由组织的无意行为造成的，组织本身需要承担较小程度的责任；可预防型危机指产生于组织内部且可控的危机，组织承担主要责任。

库姆斯等人起初将企业危机应对作为主要的研究对象，随后又明确表示，情境危机传播理论可被用于分析任何组织危机，因此许多学者将该理论的应用置于公共关系领域的研究之中。该理论从源头上剖析危机的类型，并提供了与特定危机类型相匹配的形象修复策略。此外，情境危机传播理论主要面向利益相关者，它试图阐明人们如何看待危机，人们对危机中的组织以及危机应对策略的反应如何。库姆斯提出，组织应当从利益相关者的立场出发，评判危机责任，界定危机情境，据此来选取相应的策略，从而削弱利益相关者对危机损害的感知程度。而众多危机事件在发生后往往影响范围广、发展速度快、危害程度深，这就需要在舆情治理上采取措施，从而降低负面影响，这与情境危机传播理论的诉求是一致的。因此，该理论工具对于处理涉及较多利益相关者、形成原因较为复杂的公共危机事件，尤其是引起舆论危机的事件，具有极大的优越性。在具体操作上，首先可以根据该理论梳理近年来的舆情危机种类及过往所使用的危机回应策略，分析危机种类与危机回应策略的匹配度，进而发现回应中存在的问题，最终提出正确的回应策略，从而不断优化对舆情危机事件的管理能力。

二、危机管理

（一）危机管理研究概述

危机管理是专门的管理科学，也可以说是从管理学的角度来看待公关危机的应对方式。它是为了应对突发的危机事件，抗拒突发的灾难事变，尽量使损害降至最低点，而事先建立的防范、处理体系和应对的措施。对一个企业而言，可以被称为企业危机的事项是指，企业面临与社会大众或顾客有密切关系且后果严重的重大事故；而为了预防危机的出现，在企业内预先建立防范和处理这些重大事故的体制和措施，则被称为企业的危机管理。

具体来看，危机管理包括企业为应对各种危机情境所进行的规划决策、动态调整、化解处理及员工培训等活动，其目的在于减少乃至消除危机所带来的威胁和损失。通常可将危机管理分为两大部分：危机爆发前的预警、预防管理和危机爆发后的应急善后管理。

西方国家的教科书通常把危机管理（crisis management）称为危机沟通管理（crisis communication management），原因在于，加强信息的披露和与公众的沟通，争取公众的谅解与支持是危机管理的基本对策。而普林斯顿大学的诺曼·R.奥古斯丁教授则认为，每一次危机本身既包含导致失败的根源，也孕育着成功的种子。发现、培育，以便收获这个潜在的成功机会，就是危机管理的精髓。而习惯于错误地估计形势，并使事态进一步恶化，则是不良的危机管理的典型。简言之，如果处理得当，危机完全有可能演变为契机。

（二）危机管理的特征和基本要素

危机管理对于任何一个企业来说都是至关重要的。我们首先需要了解危机管理的特征和基本要素，这样才能做好危机管理。危机管理的特征很大程度上与危机本身所具有的特性相一致。危机管理具有以下特征。其一，具有突发性。危机往往是不期而至的，令人措手不及，故而危机管理一般是在企业毫无准备的情况下进行的。其二，具有破坏性。危机发生后可能会带来比较严重的物质损失和负面影响，有些甚至会带来毁灭性的打击。不当的危机管理会使危机带来的危害变本加厉。其三，危机爆发前的征兆一般都不是很明显的，企业难以做出预测，因此危机管理还具有不确定性。其四，在互联网时代，大众的关注和舆论的力量不容小觑，所以危机管理具有明显的舆论关注性。其五，危机事件的爆发能够刺激人们的好奇心理，常常成为人们谈论的热门话题和媒体跟踪报道的内容；舆论的扩散速度是很快的，危机事件的发展速度和随之带来的影响程度也可能在须臾之间就达到不可控制的地步。由此可见危机管理非常重要的另一特征就是急迫性，企业对危机做出反应和处理的时间十分紧迫，任何延迟都会带来更大的损失。危机的迅速发生引起了各大传媒以及社会大众对于这些意外事件的关注，使得涉事主体必须立即进行事件调查与对外说明。其六，一个不明显的特征是信息资源紧缺，这与急迫性密切相关。危机往往突然降临，决策者必须快速做出决策。在时间有限的条件下，混乱和惊恐的心理使得获取相关信息的渠道出现瓶颈，决策者很难在众多的信息中发现准确的信息。

　　危机管理必须具备的条件被称为危机管理要素。只有具备完整科学的危机管理要素，才能做好危机管理。具体来讲，其主要包括以下几点。其一，配备专业的危机管理人才。只有配备专业的危机管理人员，对危机进行全面的、深入的研究，制订严密的预控措施和应对方案，才能实施有效的危机管理。其二，采取先进的危机预测手段和措施。开发或引进先进的危机预测手段，提高危机预测的科技含量，对于现代危机管理是十分必要的。其三，及时、有效地处理、消除危机。提高对危机的应对能力及反应速度，最大限度地降低危机所带来的损失是十分重要的。

（三）危机管理的类型

危机的性质在很大程度上决定了危机的处理方式。因此，在处理危机前，涉事主体首先应认清到底发生了什么性质的危机。然而危机的种类十分庞杂。这一方面是因为诱发危机的原因复杂而多变；另一方面是因为不同的学者为了便于开展研究，根据不同的标准对危机进行了分类。

1. 公共危机管理

任何危机和突发事件均会不可避免地带来不同程度的公共问题，给人们带来生理上、心理上一定范围和一定时间的影响与危害。公共危机事件如果处理不当或处理不及时，可能会诱发社会问题，影响社会稳定。

现代企业的生产能力不断提升，销售日益全球化，危机的发生范围也日益扩大。要注意，当公共危机突然降临时，积极的行动要比单纯的广告和宣传手册中的华丽词汇更能够有效地恢复和建立企业的声誉。在当前这种强调企业责任的大环境中，仅仅依靠言辞的承诺，而没有实际行动，只能招来公众更多的怀疑和谴责。

对于企业处理公共危机方面的做法和立场，舆论赞成与否往往都会立刻见诸传媒报道。如果企业在信息沟通上慢了一步，就会被公共舆论所淹没。因此必须要当机立断，快速反应，果断行动，与媒体和公众进行沟通，从而迅速控制事态，否则就会扩大公共危机的范围，企业甚至可能失去对全局的控制。

2. 营销危机管理

在当今变化复杂的市场环境中，企业不仅要面对激烈的营销竞争，而且要应对各种突如其来的危机。忽视这些危机，或不能对危机采取有效的防御和应对措施，都会给企业带来重大的损失。

市场调研成果是危机管理的主要依据，它是必不可少且相当重要的，而市场调研的关键就是针对性要强，不然将会影响到决策的正确程度，还可能导致整个计划的失败。

3. 人力资源危机管理

企业员工自身素质的提高是需要经过长期的培训与锻炼的，这就需要企业建立基于共享的远景战略性人力资源管理体系，包括建立人力资源危机管理系统。

不论是由企业内部还是由企业外部引发的危机，最终都会涉及企业的人力资源，人力资源要么成为企业危机产生的原因，要么成为危机的关联因素。我们可以通过对相关管理指标的衡量来判断人力资源管理危机的主要类型。

当企业中的人均劳动生产率等指标连续下降到低于行业平均水平时，说明雇佣过剩，可能引发人力资源效率危机。在这种背景下，员工的薪酬和工作热情受到压制，可能会导致工作效率下降和整体绩效下滑。而人均成本和人员流失率的上升则进一步揭示了企业在成本管理和人才保留上的困境，预示着薪酬调整危机和人才短缺的潜在风险。此外，出勤率和员工满意度的降低，直接指向了离职危机。而员工素质与岗位要求的不匹配，以及年龄结构的不合理，更是暴露了企业在人才结构和管理文化上的深层次问题。企业需要综合评估这些关键指标，识别潜在风险，并采取相应的措施来优化人才结构，提升管理效率，以确保企业的持续健康发展。

此外，每一个优秀企业都有其领军人物，他们是企业管理层的核心，这些主要领导人中的一位或几位的突然离职也会引发危机。这就是企业会对核心高管的离职程序做出特别规定的原因。

4. 信誉危机管理

信誉是企业生命的支柱。企业信誉问题已经成为全球普遍关注的焦点。"信誉管理"这一说法在国外日益突出，并为大众所接受，国外甚至还创办了《信誉管理》杂志。很多学者认为企业之间的竞争经历了价格竞争、质量竞争和服务竞争，当今已经开始进入一个新的阶段——信誉竞争的阶段。

信誉是企业竞争的有力武器。丧失信誉等于丧失一切。企业信誉良好，能够激发员工士气，提高工作效率；能够吸引和荟萃人才，提高企业生产力；能够增强金融机构、股东的好感和信心；能够以信誉形象细分市场，以形象力占领市场，提高企业利润；能够提高和强化广告、公关和其他宣传方式的效果。企业信誉是企业在长期运营过程中形成的，分析和研究企业信誉危机及其产生根源，并从完善外部环境、做好战略定位、确立市场信誉机制及改善管理水平等方面提出解除信誉危机的策略，是现代企业发展的重要保证。

5. 公关危机管理

随着竞争的日益激烈，企业必须高度重视公关危机管理工作。面对公关危机，企业必须从战略的高度认识和对待这一问题。一般来说，危机发生后，企业可采用具有不同功能的方式——司法介入、广告反击、公关控制，但是最关键的是要建立"防患于未然"的危机公关管理机制。防止公关危机加剧的重要方法之一是采取开放的手段，向媒体和公众提供他们所关心问题的相关信息，通过扩大企业正面信息量的方法来防止歧义的产生，消除疑虑。还要倾听公众的意见，并确保企业能够把握公众的抱怨情绪，设法使受到危机影响的公众站到企业这边。最重要的一点是，要保持信息传播口径的一致性。注意发挥舆论领袖的作用，如企业的最高领导者、行业协会、政府组织等，利用他们所具有的权威消除影响。还要从正面阐述真相，并在必要的情况下适时对公众做出必要的承诺。

6. 品牌危机管理

世界著名广告大师大卫·奥格威曾这样描述品牌："品牌是一种错综复杂的象征，它是品牌属性、名称、包装、价格、历史、声誉、广告方式的总和。"每一个品牌的成长都经历过无数的磨砺，并能带来巨大的利润。没有企业不把自己的品牌视为生命。品牌危机管理一般包括危机预警和危机处理两个方面，既要建立品牌危机预警系统，做到未雨绸缪，又要建立和演练快速反应机制，一旦危机到来，必须全力以赴，迅速化解。全球知名企业都非常重视品牌危机管理，纷纷建立先进的危机防范预警机制，有的企业还会设立首席问题官职位。

强化品牌危机管理是防范品牌运营风险、保证品牌良性发展的有效手段，品牌危机管理是企业品牌管理的核心内容之一。无论是新创建品牌还是已经创建起来并在运营的品牌，要打造真正的强势品牌，都必须站在战略性高度做好品牌危机防范和管理工作，使品牌良性发展，进而推动企业良性发展。

（四）危机管理的内容

危机管理是组织在探讨危机发生规律，总结危机处理经验的基础上形成的新型管理范畴，是组织对危机处理的深化和对危机的超前反应。危机管理的内容包括：危机前的预防与管理、危机中的应急处理以及危机后的总结扫尾。

1. 危机前的预防与管理

危机管理的重点在于预防危机。正所谓"冰冻三尺，非一日之寒"，几乎每次危机的发生都有预兆。如果企业管理人员有敏锐的洞察力，能根据日常收集到的各方面信息，对可能面临的危机进行预测，及时做好预警工作，并采取有效的防范措施，就大概率可以避免危机发生或减小危机造成的损害和恶劣影响。出色的危机预防管理不仅能够预测可能发生的危机情境，积极采取预控措施，而且能为可能发生的危机做好准备，制订计划，从而从容地应对危机。危机预防要注意以下几方面问题。

（1）树立正确的危机意识

要生于忧患，死于安乐；要居安思危，未雨绸缪。预防危机要伴随着组织的发展长期坚持不懈，把危机管理当作一种临时性措施和权宜之计的做法是不可取的。在日常运营中，要重视与公众沟通，与社会各界保持良好关系；同时，组织内部要沟通顺畅，消除危机隐患。对于企业来说，企业的全体员工，从高层管理者到一般员工，都应居安思危，将危机预防当作日常工作的组成部分。全员的危机意识能提高企业抵御危机的能力，有效地防止危机产生。

（2）建立危机预警系统

良好的组织是与外界环境有密切联系的开放系统，不是孤立封闭的系统，因此要预防危机必须建立高度灵敏和准确的危机预警系统。要随时收集产品的反馈信息，一旦出现问题，要立即跟踪调查，加以解决；要及时掌握政策决策信息，及时进行调整；要准确了解企业各方面在利益相关者心目中的形象，分析掌握公众对本企业的组织机构、管理水平、人员素质和服务水平的评价，从而发现公众对企业的态度及变化趋势；要认真研究竞争对手的现状、实力、潜力、策略和发展趋势，经常进行优劣对比，做到知己知彼；要重视收集和分析企业内部的信息，进行自我诊断和评价，找出薄弱环节，采取相应措施。

（3）成立危机管理小组，制订危机处理计划

危机管理小组，是顺利处理危机，协调各方面关系的组织保障。应尽可能选择熟知企业内外部环境，有较高职位的管理人员和专业人士进入危

机管理小组。他们应具有富于创新、善于沟通、严谨细致、处乱不惊、具有亲和力等素质,以便于总揽全局,迅速做出决策。小组的领导人不一定是企业的最高领导人,但必须在企业内部有影响力,能够有效控制和推动小组工作。危机管理小组要根据危机发生的可能性,制订出防范和处理危机的计划,其包括主导计划和不同管理层次的部门行动计划两部分内容。该计划可以使企业各级管理人员做到心中有数,一旦发生危机,就可以根据计划从容决策和行动,掌握主动权,对危机迅速做出反应。

(4)进行危机管理的模拟训练

企业应根据危机应变计划进行定期的模拟训练。模拟训练应包括心理训练、危机处理知识培训和危机处理基本功演练等内容。定期模拟训练不仅可以提高危机管理小组的快速反应能力,强化危机管理意识,还可以检测已制订的危机应变计划是否切实可行。

(5)广结善缘,广交朋友

运用公关手段来建设和维系与公众的关系,是获取更多支持者的重要途径。需要深入了解公众的需求和期望,以便制定有针对性的公关策略。通过精心策划公关活动,如新闻发布会、社交媒体互动等,能够吸引公众的关注和参与,并与他们建立深度连接。此外,利用多元化的传播渠道,包括传统媒体和网络平台,能够将信息准确、真实地传达给更广泛的受众。与媒体保持良好的沟通和合作关系,能够扩大自身影响力,提升品牌形象。然而,公关工作并非一蹴而就,需要不断监测和评估效果,并根据公众反馈及时调整策略。只有持续努力,才能成功建设和维系与公众的关系,赢得更多的信任和支持,为企业的长远发展奠定坚实基础。

2. 危机的应急处理

危机事件往往时间紧,影响面广,处理难度大。在危机处理过程中要注意以下事项。

(1) 沉着镇静

危机发生后，当事人要保持镇静，采取有效的措施隔离危机，不让事态继续蔓延，并迅速找出危机发生的原因。

(2) 策略得当

危机发生后，当事人应选择适当的危机处理策略。危机处理策略主要包括以下几种。其一，危机终止策略。企业要根据危机发展的趋势，审时度势，主动承担某种危机损失，终止危机。其二，危机隔离策略。由于危机发生往往具有关联效应，一种危机处理不当，就会引发另一种危机。因此，在某一危机产生之后，企业应迅速采取措施，切断必要的相关联系，及时对爆发的危机予以隔离，以防扩散。其三，危机利用策略，即在综合考虑危机的危害程度之后，使危机产生某种有利于企业某方面利益的结果。其四，危机分担策略，即将危机由单一主体承受变为由多个主体共同承受。其五，避强就弱策略。由于危机损害程度强弱有别，在危机一时不能根除的情况下，要选择损害小的策略。

(3) 应变迅速

当事人应以最快的速度启动危机应变计划，刻不容缓，果断行动，力求在危机损害扩大之前控制住危机。如果初期反应滞后，就会造成危机蔓延和扩大。

(4) 着眼长远

在危机处理中，企业应更多地关注公众和利益相关者的利益，关注企业的长远利益，而不仅仅是短期利益。应设身处地地尽量为受到危机影响的公众减少或弥补损失，维护企业良好的公众形象。

（5）信息通畅

建立有效的信息传播系统，做好危机发生后的传播沟通工作，争取新闻界的理解与合作，也是妥善处理危机的关键环节。主要应做好以下工作。一是掌握宣传报道的主动权，通过召开新闻发布会以及使用互联网等多种媒介，向社会公众和其他利益相关者及时、具体、准确地告知危机发生的时间、地点、原因、现状，涉事主体的应对措施等相关的和可以公开的信息，以避免因小道消息满天飞和谣言四起而产生误导和恐慌。二是统一信息传播的口径，对技术性、专业性较强的问题，在传播中尽量使用清晰和不会产生歧义的语言，以避免出现猜忌和流言。三是设立 24 小时危机处理信息中心，随时接受媒体和公众访问。四是要慎重选择新闻发言人。新闻发言人一般可以由主要负责人担任，因为他们能够准确回答有关涉事主体的各方面情况。如果危机涉及技术问题，就应当由分管技术的负责人来担任发言人。如果涉及法律，那么企业的法律顾问可能就是最好的发言人。新闻发言人应遵循公开、坦诚、负责的原则，以低姿态、富有同情心和亲和力的态度来表达歉意，表明立场，说明企业的应对措施。对不清楚的问题，应主动表示会尽早提供答案；对无法提供的信息，应礼貌地表示无法告知并说明原因。

（6）树立权威

为增强公众对企业的信赖感，可邀请权威机构（如政府主管部门、质检部门、公关公司等）和新闻媒体参与调查和处理危机。

3. 危机后的总结扫尾

危机总结是整个危机管理的最后环节。危机所造成的巨大损失会给企业带来必要的教训，所以，对危机管理进行认真系统的总结十分必要。危机总结可分为三个步骤。其一，调查。指对危机发生原因和相关预防处理的全部措施进行系统调查。其二，评价。指对危机管理工作进行全面的评价，包括对预警系统的组织和工作内容、危机应变计划、危机决策和处理等各方面的评价，要详尽地列出危机管理工作中存在的各种问题。其三，整改，指对危机管理中存在的各种问题综合归类，分别提出整改措施，并责成有关部门逐项落实。

三、危机传播与危机管理的关系

危机传播、危机管理二者的关系是相互融合、相辅相成的。危机管理需要借助危机传播方面的知识来平息负面信息的传播，危机传播需要危机管理方面的知识来确保危机来临时组织成员的统一。同时，虽然这两个学术名词都带有"危机"一词，与危机事件息息相关，但是因为所属学科不同，其侧重点也有所不同。

（一）危机传播、危机管理的区别

1. 二者对于危机公关的侧重点不同

从学科出发，危机传播采用传播学的视角，是研究信息如何出现、传播、爆发再平息的过程，是对传播者、传播内容、传播渠道、传播效果、受众这5W所进行的研究；而危机管理从管理学的视角出发，是组织在面对危机事件时如何做出决策、调整成员架构等的管理措施。一个注重信息的传递，另一个更注重危机的化解。

具体来说，危机传播更加注重研究危机事件的发生、发展的过程及其规律；研究这个危机事件最开始是谁传播的，传播的内容是什么，为何传播效果不断叠加以致形成一个轰动的社会事件。比如，现在新媒体成为受众的麦克风，许多危机事件最开始由新媒体曝出，后续不断发酵；许多网友参与其中，成为传播链路的一环；专业媒体进而也下场播报，进一步扩大事态。新媒体这个新的传播渠道就成为危机传播中的一个重要研究对象，什么样的危机事件可以借助新媒体得到更广泛的传播，最后得到了什么样的传播效果，都成为危机传播的研究对象。而从危机管理这个视角来说，新的研究侧重点是，面对新媒体，有什么新的方法与决策可以更好地化解危机。比如，对新媒体进行舆情监测、关键词搜索，在危机还未扩大时化解危机，又或者是通过新媒体传达组织关于危机事件的决策。

从这个具体情境之中，我们可以很清晰地看出：危机管理站在危机发生方，关注危机事件的化解；而危机传播旨在研究危机传播的链路。当然，对于危机传播的研究是可以推动危机管理发展的。在新媒体情境之中，危机管理可以借助危机传播关于文本的研究结果设定关键词，关注新媒体上有关组织的言论，从而实现危机管理。比如，某用户在新浪微博提到相关组织，该组织的官方微博账号就可以根据内容对用户进行回应，提出解决方法，以免酿成危机事件。

此外，相对于危机管理注重危机的化解，危机传播既关注危机如何化解，也研究危机事件如何爆发。例如，在新闻发布会上，危机传播研究新闻发布会，研究新闻发言人，但它有站在媒体和记者的立场上去看危机事件的动机和可能，有对新闻发言人发难的动机和可能。危机管理也研究新闻发布会，也研究新闻发言人，但它研究的目的只有一个，就是把新闻发布会当成危机处理的一个组成部分，考虑如何利用媒体去发出组织的声音，如何去应对记者。当然，只有了解危机事件的爆发途径，才能更好地化解危机。

2. 二者针对的时期不同

在前期危机潜伏、中期危机爆发、后期形象修复的不同时期，危机管理和危机传播也负责不同的对象。危机传播更倾向于研究中期危机爆发时期信息的传递和后期形象修复的阶段，前期危机潜伏时期的业务漏洞、管理缺失难以从传播学的视角去理解，更多是组织自身的问题。而危机管理则覆盖这三个时期，甚至前期危机潜伏时期是最为关键的时期。将日常的管理落到实处，检查业务中的疏漏，在危机还未爆发之时就将其灭于襁褓之中，不仅能省去之后危机事件的化解与修复的人力、物力与时间，更有助于组织形象的打造。

3. 二者针对的对象不同

危机管理和危机传播所针对的对象不同：危机管理相对更加针对组织内部的人员调整及其他决策；而危机传播的对象可以在组织内部，也可以在组织外部。仅仅就管理一词而言，其含义带有管理者对管理对象具有某种管辖权，也表示管理主要是针对组织内部而言的。如在危机管理时，采取全员公关的举措来确保上下口径统一，这就是对于组织内部成员的管理；又如针对危机事件，虽然面对公众，但组织的应对方式是组织内部的一个决定。而危机事件发生之时，面对组织外部的公众，我们不能用"高人一头"的管理一词，而要平等地交流。危机公关5S原则也提到组织遇到危机事件时，需要放下姿态，真诚地与公众交流，这也正是危机传播所需要具备的。同时，危机传播的研究对象不仅是组织外部的公众关系维护，也是组织内部的交流与沟通。

危机管理的对象主要是组织内部的事情，是对组织内部所进行的规划决策、动态调整，是对看得见、摸得着的硬实力进行管理，是在危机事件发生时对人、财、物进行合理有效的分配和使用。而危机传播是针对组织外部的加强信息披露、与公众沟通并争取公众的谅解与支持，以及针对组织内部的成员信息上传下达、统一思想口径的举措。

（二）危机传播、危机管理相互交融

危机传播和危机管理之所以有以上不同之处，是因为学科属性不同，所站视角、研究对象、研究侧重点也就有所差异。但同时，危机管理和危机传播都是从危机事件出发的，其研究都有益于危机事件的解决。危机管理与危机传播在解决危机事件时是相互交融的，是可以相互借鉴的，在日常的处理之中，其学科界限变得模糊。

如在后期形象修复中，危机传播能更好地助力危机管理。传播学对于传播者形象的搭建方法与原则，能够辅助管理者制定高效的管理策略。管理者亦可利用传播学的知识，对管理策略进行传播，从而恢复组织形象。在这个情境之中，危机管理与危机传播相互融合、相互赋能，共同化解危机事件所带来的危害。西方国家的教科书通常把危机管理称为危机沟通管理，可见加强信息的披露和与公众的沟通，争取公众的谅解与支持是危机管理的基本对策，而这些恰好是传播学所讨论的。

四、危机公关及应对原则

（一）危机公关

危机公关，是组织为避免危机或降低危机带来的损害，有组织、有计划地学习、制定并实施一系列管理措施和应对策略的过程。其核心目标是将潜在或实际的危机转化为机遇，确保组织能够维护自身的声誉和信誉，并从危机中快速恢复过来。

在进行危机公关时，首先要正确识别公关危机的类型。公关危机根据危机产生的根源，可被分为内生危机和外生危机；根据危机波及的范围，可被分为局部危机和全面危机；根据危机的危害程度，可被分为严重危机和一般危机。这就要求组织在面对不同的危机时采取不同的应对策略，同时增强危机的预警能力并制订一系列的危机处理计划。

危机公关的流程和内容主要包括危机预警与识别、危机规划与预防、危机应对与管理、事后评估与学习。危机具有很强的不确定性和难以预测性，因此对于危机公关的每一个环节，组织都要给予足够的重视，只有如此才能在危机来临时顺利转危为安、化危为机。

1. 危机预警与识别

危机预警与识别是危机公关的第一步，它涉及对组织内外环境的持续监测和评估。通过定期进行风险评估和建立有效的预警机制，组织可以及时发现危机信号和风险因素，为应对危机做充分准备，避免危机或减少危机带来的不良影响。

2. 危机规划与预防

在识别潜在危机后，危机规划与预防成为关键。应组建专门的危机管理团队，制订详细的危机应对预案，并定期进行培训和演练，以确保在危机发生时能够迅速、有序地进行处理。这一阶段的目标是，预先识别可能的风险并采取措施预防危机的发生，最大限度地减少潜在损失。

3. 危机应对与管理

当危机发生时，迅速、准确地应对与管理危机成为化解危机的重要一环。应启动预先制订的危机应对预案，迅速调动资源，控制危机发展，开展高效率、高透明度的危机沟通，减少误解和恐慌。同时，与内外部利益相关者建立紧密的协调与合作机制，实现资源共享和信息交流，共同应对危机，以最大限度地减少危机带来的损害。

4. 事后评估与学习

在度过危机后进行评估与学习能够持续改进组织的危机管理能力。应对危机事件进行全面回顾，分析危机原因、应对措施和实际效果，总结成功和失败的经验教训。基于这些分析结果，持续改进危机管理策略和预案，提高组织的危机应对能力和反应速度，为未来的危机应对奠定基础。

（二）危机公关的应对原则

国内外许多学者对于危机公关都有自己的理解，学界与业界普遍认可与使用的，一是由国内公关专家游昌乔提出的危机公关5S原则，二是由美国危机管理专家罗伯特·希斯在《危机管理》一书中提出的危机管理4R模式。它们在今天依然是危机公关需要遵守的原则，也被普遍地运用于日常案例之中。当然，随着科学技术的不断发展，信息传播环境的变化，在新媒体语境下，人人皆媒体，信息呈网状飞速裂变，公关危机更易呈现蝴蝶效应。这对于危机公关提出了更高的要求。

（三）危机公关5S原则

危机公关5S原则是由关键点传媒集团董事长游昌乔根据其多年危机管理研究的经验提出的，即速度第一原则（speed）、系统运行原则（system）、承担责任原则（shoulder）、真诚沟通原则（sincerity）、权威证实原则（standard）。[①]

1. 速度第一原则

速度第一原则，是指组织在危机爆发后，一定要争取在最短的时间内，用最快的速度控制事态发展，并在第一时间向公众公开信息，以消除公众疑虑。

突发事件往往与公众的利益密切相关，事件被媒体报道出来后，公众的第一反应和最大需求都是获得真实、准确、权威的信息。危机事件发生后，组织如果能第一时间从官方渠道发布权威信息，就能快速占据舆论的制高点，掌握主动权。同时，及时应对危机也能在公众心中树立具有责任心、敢担当的组织形象。若公众未得到组织官方回应，就会下意识认为组

---

① 游昌乔. 危机应对的5S原则[J]. 中国中小企业,2004(9):27–28.

织没有担当或者对自己不重视，从而失去对组织的信任。公众对于此次事件没有得到一个明确的回复，怀疑的种子将在心里种下，猜忌和疑虑将在心中滋长。若此时负面的声音席卷舆论场，占领用户心智，这对于组织来说无疑是个重创。在之后的营销活动之中，若总是有人不断提起这件事，组织形象就难以修复。

新媒体的发展给组织带来了广阔的发展空间以及庞大的消费人群，也让组织置身于更为复杂的媒介环境中。当一篇关于滴滴司机打人的文章在社交媒体上迅速传播并引发公众广泛关注时，滴滴迅速做出了反应。在文章发布的同一天，滴滴就发表了声明，向受害者致歉，并承诺会妥善处理此事。这种迅速而果断的回应不仅体现了滴滴对危机事件的重视，也展示了其高效处理危机的能力。这种速度不仅帮助滴滴控制了事态的恶性发展，还在一定程度上帮助滴滴赢得了公众的信任和理解。

2. 系统运行原则

系统运行原则，是指在应对危机时组织各部门之间要统一口径，达成一致。

口径是基于事实呈现给媒体和公众的准确严谨的说法。口径一致既包括前后信息的连贯性和一致性，也包含组织各个部门口径的一致性。危机发生之后，组织必须严格按照"口径一致"的原则发言，否则会导致组织公信力的丧失。

相比于全平台的统一态度，制约全体成员的口径更为困难，需要在日常工作中培养。学者胡百精的《公共关系学》一书提出了全员公关的三大原则[1]：规范化原则，即待人接物有标准规范的程序，并且这种制度首先适用于自己的员工；礼貌化原则，这不仅是对公众而言的，对自己的员工也是如

---

[1] 胡百精. 公共关系学 [M]. 北京：中国人民大学出版社, 2018.

此；谅解原则，以谅解的态度看待各种摩擦。全员公关尤其强调组织内部的公关，有助于增强组织全体人员的公众意识，促使他们更多地关心组织，不断提升自身素质，把公关工作贯穿于组织的各项工作之中，为树立良好的组织形象奠定基础，同时遇到公关危机也能上下一心，系统性地运行制定好的对策，而不是自说自话。

3. 承担责任原则

承担责任原则，是指组织要勇于主动承担责任，以良好的态度和实际行动弥补后果。

危机爆发后，组织的一举一动都将成为公众和媒体评判组织的重要途径。组织面对突发性危机事件，应当站在受害者的立场上给予同情和慰问，从情感和心理方面赢得公众的理解和信任。如果能在有效时间内展现自己负责任的形象，就能收获人心；如果避重就轻、遮遮掩掩，就将使危机进一步恶化。针对突发的危机，组织在日常经营中常态的管理方式是"不扩散、不声张、不致歉、不接受调查和采访"的四不原则，即寄希望于时间的沉淀和舆论热度逐渐降低的"冷处理"原则。这种做法成了众多组织先后效仿的公关危机处理解决方式。殊不知，谁忽视了公众的情感，谁就将失去公众。

4. 真诚沟通原则

真诚沟通原则，是指组织要放低姿态，以诚恳的态度与公众和媒体展开良好的互动和沟通，促使双方互相理解，消除内心的疑虑与不安。

沟通是处理好组织与公众关系、组织与媒体关系的重要桥梁，无论是在危机的潜在期、爆发期、扩散期还是解决恢复期，有效的沟通都十分关键。组织放低姿态，以真诚的态度向公众说明情况，主动承担责任，往往能赢得公众的理解与支持。其中，放低姿态，真正站在受害者的角度去思考，是真诚沟通的重点。

5. 权威证实原则

权威证实原则，是指组织在危机发生后制订危机应对计划、快速反应、协调沟通，通过专家和权威机构的认证来维护企业声誉。

危机发生之后，各种信息，包括谣言，遍布人们的视野。与竞争对手不同，公众希望看到的是事实真相，希望获得的是与事实真相相关的信息。此时，由权威部门发声公布的信息最具有权威性，也最能在舆论声中还原事实真相。若未获得权威部门的证实，发布再多的信息也只能是混淆视听，让真相变得更加扑朔迷离。

（四）危机管理 4R 模式

美国危机管理大师罗伯特·希斯曾提出危机管理 4R 模式，由缩减力（reduction）、预备力（readiness）、反应力（response）、恢复力（recovery）四个环节组成。通过对这四个环节的计划，让组织做好危机处理，从而尽可能地降低危机情境的攻击力和影响力。

1. 缩减力

在危机管理 4R 模式中，缩减力指的是确认危机来源，进行风险评估和风险管理，通过一系列降低风险的举措，大大缩减危机发生的可能性及冲击力。缩减力是危机管理的核心内容。这一环节体现了组织居安思危的策略思维。这种超前的预见性，有助于组织事先熟悉各种危机情况，提高有效解决问题的技能。

缩减力主要从环境、结构、系统和人员几个方面去着手。首先要创造一个随时公关的紧张环境，保持准备就绪的状态，这意味着人们要做好应对危机的预备工作，因而缩减力能够保证发出与环境相适宜的报警信号，也可能会使危机主体重视改进对环境的管理。其次，在结构方面主要是指保证物归原处，保证人员会操作一些设备。同时，也要保证设备的标签无误，说明书正确易读易懂。再次，在系统方面，要求管理者对现有防险系统进行全面评估，及时发现并修正可能存在的问题，以确保其稳定性与可靠性，从而降低危机发生的概率和影响。最后，当负责反应和恢复的人员能力强，能够有效控制局面的时候，人员就成为降低风险发生概率和缩减其冲击力的一个关键因素。这些能力是通过有效的培训和演习得到的。这些培训能提高人的预见性，让人们熟悉各种危机情况，提高他们有效解决问题的技能。

缩减力还包括听取汇报，这些汇报是改进反应和恢复措施，甚至找到消除或者降低危机影响的方法，这是一种集思广益的决策方式。

有效的危机管理多数是从组织产生时便开始的，这种极易被组织忽视的重要工作，能够极大地减少危机的成本与损失。

多次历经生死考验的华为，就是一家在危机中茁壮成长的伟大企业。此前美国制裁华为，对华为实施全面封锁，几乎置华为于绝境之中。然而重压之下，华为绝地反击，动员全体员工，顶住压力，见招拆招，推出各种"备胎计划"。结果华为业务不仅没有中断，业绩还远超预期。在这样的境遇之下，华为之所以能化险为夷，扭转局面，是因为它依靠从源头打造的极强的风险抵御能力降低了危机的破坏力。

可见，"凡事预则立，不预则废"。处境越好时越应思变，否则处境艰难时，就很难熬过寒冬。只有从自身下手，才能提高面对危机时的胜算。

2. 预备力

预备力主要是进行危机的防范工作，组织可挑选各方面的专家，组成危机管理团队，制订危机管理计划，进行日常的危机管理工作。同时，为了能清楚地了解危机爆发前的征兆，组织需要一套完整而有效的危机预警机制。通过训练和演习，每个员工都能掌握一定的危机处理方法，使组织在面对危机时可以从容应对。

预警和监视系统在危机管理中是一个整体。它们监视一个特定的环境，对每个细节的不良变化都会有所反应，并发出信号给其他系统或者负责人。预警和监视系统的功能有：危机始发时能更快反应（不良变化被注意到并传递出去），保护人和财产（通过发布撤离信号和开通收容系统进行），激活积极反应系统（如抑制系统）。

完善的危机预警机制可以很直观地评估和模拟出事故可能造成的灾难，以警示相关者做出快速和必要的反应。劳伦斯·巴顿先生给我们带来了他的"危机预防和反应：计划模型"。该模型显示出小组是怎样从评估各种可能影响人员安全和运作的危机开始，继而运用各种技能和资源来降低此类危机发生的概率的。

对预警的反应，是因人而异的。这主要取决于每个人的经验和信念，以及预警中的内容变化程度。主要参考因素包括信息的清晰度、连贯性、权威性，以及过去预警的权威性、危机或灾难发生的频率。当接收者发现信息清楚明了，来源可靠，且有多个来源支撑该信息、该信息被重复时，他们会反应比较快。如果他们选择忽视预警或者处于等待和进一步观望状态，就有可能失去选择或者执行的最佳时机。

危机管理经验告诉我们，被预警的受众人群中，有20%的人会做出与预警相悖的选择和反应。这样的人包括：表示未接受预警；喜欢亲自证实消息；害怕结果；别的原因（如有一些珍贵的文件物品在危险区）；相信自己比危机预警中的建议懂得更多。对于这些人，管理者要采取特别的措施，并预备一些潜在和必要的施救方案来解决实际危机。

3. 反应力

反应力强调在危机已经来临的时候，组织应该做出什么样的反应，从而能够有策略性地解决危机。反应力所涵盖的范围极为广泛，如危机中的媒体管理、决策制定、与利益相关者进行沟通等，都属于反应力的范畴。

在反应力这个层面，组织首先要解决的是如何能够获得更多的时间以应对危机；其次是如何能够更多地获得全面真实的信息，以便了解危机波及的程度，为危机的顺畅解决提供依据；最后是在危机来临之后，如何降低损失，以最小的损失将危机解除。

这是组织应对危机时的管理策略，一般可以分为四个步骤：确认危机，隔离危机，处理危机，总结危机。在处理危机时，合理地运用沟通管理、媒体管理、组织形象管理等方法可以收到事半功倍的效果。

4. 恢复力

恢复力一是指在危机发生并得到控制后，着手后续形象恢复和提升；二是指在危机管理的总结阶段，为今后的危机管理提供经验和支持，避免重蹈覆辙。

危机一旦被控制，迅速挽回危机所造成的损失就会上升为危机管理的首要工作。在进行恢复工作前，组织先要对危机产生的影响和后果进行分析，然后制订出有针对性的恢复计划，使组织能尽快摆脱危机的阴影，恢复以往的运营状态。同时，组织要抓住危机带来的机遇，进行必要的探索，找到能使组织反弹到比危机前更好状态的方法。

有效的危机管理是对危机管理 4R 模式所有方面的整合，其中，缩减力贯穿于整个危机管理的过程。在预备力中，运用缩减力的风险评估法可以确定哪些预警系统可能会失效，如此就可以及时地予以修正或加强。在反应力中，缩减力可以帮助管理者识别危机的根源，找到有利于应对危机的方法。在恢复力中，缩减力可以对在执行恢复计划时可能产生的风险进行评估，从而使恢复工作产生更大的反弹效果。

第三章

风险社会下的危机传播与管理

CHAPTER 3

我们所处的现代社会本身就是一个风险社会，这已经成为一个不争的事实。风险社会的概念实际上为我们解释了一个现象，那就是：在当前经济快速增长的过程中，产生风险的概率正在加大；高科技在为人类带来了高福利之外，也使得风险具有了普遍性。

风险与每个人息息相关。风险源于事物的不确定性，是一种损失或获益的可能性。我们要从风险的要素、风险的性质和特征、主客观原因、风险的对象划分、风险产生原因、风险承受能力等多方面全面分析风险的可控范围。

一、风险社会理论

（一）风险社会理论的提出

前文提到的乌尔里希·贝克的《风险社会》一书提出：我们正处在从古典工业社会向风险社会转型的过程中，或者说我们正处在从传统（工业）现代性向反思现代性转型的过程中；而且这种转型正在以全球规模悄悄地进行。根据乌尔里希·贝克的观点，风险社会中的重大的灾难有能力引发一系列对社会假设、制度目标和实践的批判性反思。他倡导反思现代性，试图通过对现代性的反思来发现其中的困境，并以理性的精神来改善这种困境。

贝克认为风险社会来临的主要原因有：生产力的迅猛发展，技术的不断进步，风险的无责任主体性以及失败的现代社会管理。风险正逐渐演变为全球化的风险，因此在此意义上，风险社会也是世界风险社会。在全球化时代，关注风险、应对风险已成为社会发展不可回避的现实。

他认为现代化风险具有不可感知性、整体性、人为不确定性、建构性、平等性、全球性以及自反性。现代化风险与古代的风险不同，是现代化、现代性本身发展变化的结果。风险社会的风险包括经济的、政治的、生态的和技术的，如核能的、化学的、生物的风险。这些风险是现代化的产物，是人为的风险。

贝克在《风险社会再思考》一文中归纳了风险社会应具有的 8 个理论要素。其一，风险是介于安全和毁坏之间的一个特定阶段，它是一种真实的存在。其二，风险的着眼点是未来，并且这种未来会对现在的行为产生影响。其三，风险声明是价值声明和真实声明的结合体，是一种数学化的道德。其四，在早期阶段，风险是驾驭现代性的控制逻辑的未知后果，我们对未来拓殖得越多，它就越脱离我们的控制，许多限制和控制风险的尝试转化成了不确定性和不断扩大的危险。其五，与风险社会和人为的不确定性相联系的风险概念，是知识和无知的某种特殊结合，一方面更多、更完善的知识成为风险的来源，另一方面风险也来自无知。其六，新的风险类型同时是地区性的和全球性的，或"全球地区性的"，新风险超越边际的活力不仅适用于国际，而且也存在于国家内部，控制逻辑从根本上遭到了怀疑。其七，风险社会理论关注知识和影响之间的区分，认为社会感知和结构使风险成为现实，风险只有被清楚地意识到，才会对现实构成实在的威胁。其八，世界风险社会与一个在自然和文化之间的差异明确缺失的世界相关，是一个失去了自然和文化二重性的混合世界。

针对如何规避和应对风险，贝克表现出一种强烈的制度主义倾向，即要在其风险社会理论中，把制度性和规范性的东西突出出来，并给予恰当的定位。他所关注的并不是要不要在全社会对激进的思想进行控制，而是怎样用改革和改良的方法对风险进行有效控制。贝克的理想是，能够在制度失范的风险社会建立起一套有序的制度和规范，既能增强对风险的预警机制，又能对社会风险进行有效的控制。贝克由此大声疾呼："有必要行动起来，促进形成应对全球风险的'国际制度'。"

除了《风险社会》，他还著有《世界风险社会》《反思现代化》《什么是全球化》《解毒剂：有组织的不负责任》《全球化的形成、风险与机会》等，其风险社会理论均体现在这些著作中。

（二）风险社会理论的全球蔓延

1992年贝克的《风险社会》一书被英国学者马克·里特译成英文后并没有一下子被英国人所接受。后来随着"疯牛病"危机的爆发与全球性蔓延，风险社会理论才成为西方学者研究的焦点，并且关于风险社会理论的争论一浪高过一浪。

不同的西方学者从不同角度对风险社会做出了理论阐释。英国学者斯科特·拉什从风险文化的角度来解读风险社会；安东尼·吉登斯在现代性的基础上考察风险社会；沃特·阿赫特贝格探讨了风险社会与生态民主的问题；莫里·科恩将风险社会理论与生态现代化理论相结合；莱恩·威尔金森从心理学的角度来研究风险与忧虑问题，写出了《风险社会中的忧虑》一书；马克·海恩斯·丹尼尔为脆弱的下一代提出了逃避风险的新全球战略……

诚如蝴蝶效应一般，在全球化的背景下，风险一旦发生，就不再是某一个区域社会可以独善其身的事情了，随之而来的是一系列的连锁反应。即当现代化风险和全球化相遇，风险便超越了疆界、国界。有些风险起初虽然仅发生于某一地区或是某一国家内部，但在全球化的今天，现代化风险所造成的影响将不再限于传统民族国家的疆界之内，而是迅速地波及其他国家甚至全世界，酿成世界性的灾难。

（三）风险社会理论的本地化研究

任何理论都有其适用边界及前提条件。风险社会理论是以西方发达国家为本位，并在其自身的历史逻辑中展开的。这就决定了该理论必然存在某些局限。中国作为发展中国家，正以史无前例的速度向前狂奔，然而在全球化的外力推动与国家内部转型的双重驱动下，以及在压缩时空般赶超发展的过程中，蕴藏着大量风险。传统常规性风险、系统性风险与社会结构性风险、政策性风险与社会文化心态风险等高发、频发，甚至相互叠加与转化，引发了社会的普遍焦虑。这是由中国社会的基本现实所决定的，这些风险既具有风险社会的普遍性，又具有中国本土的特殊性，有着自身的特点和生成逻辑。基于对现实的焦虑和思考，中国学界也积极对风险社会理论和中国风险社会开展了大量研究，取得了丰富的成果。

国内对于贝克风险社会理论的研究最早开始于2003年，在2007年达到高峰。国内大多数学者对乌尔里希·贝克风险社会理论的研究主要集中于两个方面。第一个方面，是从马克思主义哲学视角对贝克的风险社会理论进行批判：在风险的形成过程中，市场、科学等因素都是现实风险的不可忽视的成因，促成全球风险社会的直接因素是利益的分裂和对立，并且利益的分裂与对立的最高表现形式就是深度全球化的资本关系。第二个方面是对贝克风险社会理论的内容进行了综合整理。

中国正处于"第一次现代化"与"第二次现代化"的交叉点上。由于各地区现代化发展不平衡，故中国面临的风险更具复杂性。由于中国正处于转型期，"中国社会面临的诸多风险，更核心的来源是制度转型——或者是缺乏新的制度应对新的风险；或者是现有的制度能力不足，无法解决风险"。目前，中国既需要在整体上完成第一次现代化的任务，又需要在局部上解决现代性问题，进行第二次现代化。因此，与发达国家相比，"中国面临的风险更加复杂多样，也更容易从可能转化为现实，成为灾难"。

中国风险社会的特征如下。

第一，风险发生的不确定性。风险社会理论说明：不仅会有经济、政治方面的风险，也会有文化、生态等方面的风险；不仅有区域性风险的存在，也会有全球性风险的发生。这些风险往往相互交织、相互渗透，呈现出一幅复杂多样的风险图景，而这些风险，也愈加难以预测和预防。

第二，风险形成的人为性。风险是人类社会活动的一种反映，是生产力高度发展的一种表现。人为因素成为推动风险形成的重要因素，而这种人为引发的风险也促进了风险社会的到来。风险社会存在的一个主要悖论是：风险往往是在试图控制它们的现代化进程中产生的。在现代社会中，人们面对的许多危险往往主要不是源于自然界，而是源于人类自己。

第三，风险产生的制度性。虽然现代制度为规避风险提供了一定的保障，但风险却是与现代制度紧密相连的。风险社会的形成绝不仅仅是简单的某一经济、生态等社会现象所表现出的局部性问题，而是由社会制度、社会组织体系、社会文化、社会实践等综合因素带来的结果，是一种制度性的风险。

第四，风险后果的两重性。风险会对人类造成灾难性伤害，甚至是毁灭性打击，具有极强的破坏性。且风险通常是人为因素的结果，是由人与人之间的矛盾引起的，因此，解决这类矛盾正是应对风险的策略。此外，风险又具有积极意义，因为风险的存在意味着创新，意味着变革，意味着发展的机会。

总之，风险社会理论对于我们审视和研究中国的风险及风险社会具有重要的启示和借鉴作用。

（四）风险社会理论的意义

风险社会理论有助于人们正视和理解后工业社会中的生态冲突和科技发展的副作用。这一概念打破了注重科技与工业发展的积极作用的传统思想，培养了人们的反思和自省意识，从而使人类进入了一个反思的时代。对现代性进行反思，至少使人们意识到科学必须理性发展。风险社会理论增强了人们的风险意识，将生态危机与科技发展带来的风险凸显出来。总之，风险社会理论的主要贡献就是让我们利用其关于风险的分析，重建现代性理论。

然而它对未来风险的描述有些夸张倾向，它认为风险既不可能被计算，也不可能被预知。这样不免会使人们陷入一种无奈的忧虑之中，从而滋生悲观主义情绪。虽然贝克本人宣称他不是悲观主义者，但他的思想仍会使一部分人在风险面前显得焦虑不堪。今天科技的发展使风险已经在很大程度上超出我们的感知，它们是工业现代化发展所带来的风险，并且随着全球化的发展日益加剧。科学发展的不充分及制度化的政治结构使个人面对风险的洪流时往往不知所措。

二、风险社会与危机传播

胡百精教授的《危机传播管理》认为，危机传播是混乱符号和不确定意义的扩散过程，是信息传播主体与客体失序互动的过程。过去的危机公关是组织和媒体的博弈，组织可以通过相关资源控制媒体不报道负面新闻；而今，传播高度碎片化，阻断危机传播的传统渠道的方法已很难奏效。

（一）风险社会危机传播特征

在当下的风险社会中，危机传播呈现出一些新特征。

第一，传播速度加快，传播周期变短。在传统媒体时代，由于受到信息传播速度和传播环节的限制，事件往往存在一个"曝光期"，很难迅速形成危机。但新媒体即时发布、裂变式传播的特性却能够使信息迅速大范围地扩散，使危机的生成速度更快。同时需要注意的是，也正是出于这个原因，新媒体平台上的热点事件会不断更新，往往人们刚刚对一个事件产生兴趣，就迅速被完全无关的另一个事件吸引，这使得危机的传播或存活周期变短。

第二，危机的影响范围更广，影响力度更强。尽管新媒体的兴起改变了传统媒体主导的引爆危机的局面，但这并不是说传统媒体就不再对危机的生成与演进起作用了。一个又一个实例证明，新媒体信息源广泛、传播快速、互动性强的特点和传统媒体专业性强、权威度高的优点相结合，会对危机的生成和危机传播的走向产生直接而有力的推动作用，并最终使危机信息的影响效果大大增强。

第三，危机信息的主题多元化。涉及政治、经济、文化和社会等各个领域的事件或问题都可能被挖掘出来并广为传播，尤其是那些与公众利益息息相关的收入分配、社会贫富差距拉大、食品安全、住房、社会保障、大学生就业、看病难看病贵、教育改革、新生代农民工的生存与发展等民生问题，以及涉及腐败、公平正义和社会民主等领域的事件，更有可能迅速点燃民众的情绪，进而形成声势浩大的舆论声讨。此外，新媒体的网状传播模式又非常容易使不同的主题形成联动、共振，多热点交织、并发的危机事件不断增多。

第四，危机传播去中心化。新媒体的普及应用改变了由传统媒体掌控话语权的传播结构，普通民众可以通过新媒体自由发表意见、表达态度、分享信息，"去中心化"的趋势不断强化，新媒体意见领袖开始发挥重要作用。在这样的背景下，由普通民众的一则网络发帖或一条微博引发的危机事件越来越多。从另一个角度讲，这样的特点也反映了新媒体时代危机一定程度上的不可控性。

第五，危机信息中事实、意见和情绪交织。在由普通民众构成的网络民间舆论场中，没有像传统媒体人那样专业的信息"把关人"，大部分网民没有受过媒介素养方面的训练。加上社会转型给人们带来的压力及由此产生的焦虑，使得与危机相关的事实及意见信息通过新媒体传播的时候还裹挟着民众或喜、或怒、或悲、或忧、或恐、或惊的情绪，甚至充斥着暴力，会对社会的正常运行造成严重的负面影响。

（二）风险社会中媒体的作用

在风险社会呈现出一系列新特征时，媒体在危机传播中发挥着重要的作用。

第一，媒体应兼顾及时性与准确性。在风险事件报道中，不确定性与时间压力之间充满张力与矛盾，需要迫切做出决策。风险事件报道常常是在极大的时间压力、心理压力、社会压力下进行的，因而就产生了天然而无法回避的矛盾。媒体努力在第一时间到第一现场，获取全面、真实、客观的事件信息，并在第一时间报道给社会公众，要又快又准，既要有及时性，又要有准确性，二者缺一不可。

第二，媒体对新闻保持有限度的公开性。新闻的公开性是有规范的公开性、有限度的公开性，是相对的公开。只有公开有度，才能公开有效。需要对媒体报道的公开性做出适度规范。不管是什么类型的规范，都必须是良性的规范，即必须是从根本上对社会发展和人民有利的规范。一切恶性的规范都将对新闻传播的公开性形成恶性的限制，也必将损害社会和大众的根本利益。因此，虽然对新闻传播的公开性的限制是必要的，但要把限制本身限制在合理的范围内，要在制度上追究不合理限制的各种责任，以保障新闻传播的公开性，最终实现突发公共事件报道中公开透明与适度管制之间的良性平衡。

第三，媒体应坚持党性和人民性相统一。在中国社会语境中，新闻传播事业是党和政府的事业，也是人民的事业；新闻媒介是党和政府的耳目喉舌，也是人民的耳目喉舌；新闻传播和新闻报道既是国家利益、民族利益和信息安全的重要维护方式之一，也是广大人民群众知情需要或知情权实现的主要通道之一；新闻工作者是党和政府的新闻宣传工作者，也是广大人民群众的忠实公仆；新闻媒体既是党和政府与人民群众之间的桥梁，也是人民利益（公共利益）和国家利益的维护者。因此，新闻媒体必须在国家、群众二者之间充当桥梁，并维持二者之间的平衡。因此，在对突发公共事件进行报道时，媒体要实现国家利益与公众利益之间的平衡与协调，并以此为出发点安排报道。

（三）案例

1. 隐私风险：Facebook 用户隐私泄露危机

隐私权是指不被他人非法侵扰、知悉、收集、利用和公开的一种基本的人格权，而且权利主体对他人可以在何种程度上介入自己的私生活，对自己的隐私是否向他人公开，以及公开的人群范围和程度等具有决定权。保护隐私是对人性自由和尊严的尊重，也是人类文明进步的一个重要标志。但在今天，科技进步却带来隐私泄露的风险。

2018 年 3 月中旬，《纽约时报》《卫报》等权威媒体发布报道，称一家名为"剑桥分析"的公司获取了超 5000 万名 Facebook 用户的数据信息。利用这些数据信息，该公司建构了用户画像并设计了软件程序，向用户推送具有针对性的内容，进而预测和干涉选民的投票意向和行为。

截至同年 4 月 4 日，Facebook 官方首次确认，多达 8700 万名用户的个人数据可能已经被剑桥分析"不当分享"。第三方机构将获得的数据运用到具有特定政治目的的活动中，利用用户信息主观操纵民意，进而影响美国大选，对美国甚至国际关系都产生了不可逆转的影响。这一严重后果在传统媒体时代几乎是不可想象的。由此，Facebook陷入了其史上最严重的危机，股价持续大跌。

新兴的技术为媒体搜集和利用用户数据信息提供了便利，同时也使得用户在网络信息交换过程中处于弱势地位。美国的网络隐私认证计划要求签署协议的网站媒体在首页标明认证标志，以表明该网站收集在线用户资料的行为是合规的。但Facebook也曾签署过类似的网络隐私认证计划协议，可见类似协议可能仅仅起到督促作用。Facebook事件充分暴露出网络媒体环境下用户隐私信息安全形势的严峻性。

2. 安全风险：2021年社会生产安全事故

安全重于泰山，安全就是平安。安全是人类最重要、最基本的需求，是人的生命与健康的基本保证。所有的生活、生产以及各项活动都源于生命的存在。如果人失去了安全，也就失去了生命，生活、生产也就失去了意义。

2021年4月21日13时43分，黑龙江省绥化市安达市黑龙江凯伦达科技有限公司在三车间制气釜停工检修过程中发生中毒窒息事故，造成4人死亡、9人中毒受伤，直接经济损失约873万元。发生原因是，在4个月的停产期间，制气釜内气态物料未进行退料、隔离和置换，釜底部聚集了高浓度的氧硫化碳与硫化氢混合气体，维修作业人员在没有采取任何防护措施的情况下，进入制气釜底部作业，吸入有毒气体，造成中毒窒息。在救援过程中，救援人员在没有采取防护措施的情况下多次向釜内探身、呼喊、拖拽施救，致使现场9人不同程度中毒受伤。

2021年6月13日6时42分，湖北省十堰市张湾区艳湖社区集贸市场发生燃气爆炸事故，造成26人死亡，138人受伤，其中重伤37人，直接经济损失约5395.41万元。发生原因是，天然气中压钢管遭到严重腐蚀以致破裂，泄漏的天然气在集贸市场涉事故建筑物下方河道内密闭空间聚集，遇餐饮商户排油烟管道排出的火星发生爆炸。

2021年6月13日10时30分，四川省成都市大邑县四川邑丰食品有限公司污水处理站发生一起有限空间中毒和窒息事故，造成6人死亡，直接经济损失约542万元。发生原因是，作业人员准备抽排暂存池内的污水和污泥浆时，未采取任何安全防护措施，池内硫化氢等有毒有害气体逸出并积聚，作业人员吸入硫化氢等有毒有害气体导致中毒和窒息，施救人员盲目施救导致事故扩大。

2021年6月25日，河南省商丘市柘城县震兴武馆发生火灾事故，造成18人死亡、11人受伤，直接经济损失约2153.7万元。发生原因是，震兴武馆临街门面房一层北侧住房阁楼下层房间内使用蚊香，不慎引燃纸箱、衣物等可燃物。

2021年7月12日15时31分，江苏省苏州市吴江区四季开源酒店辅房发生坍塌事故，造成17人死亡、5人受伤，直接经济损失约2615万元。发生原因是，施工人员在无任何加固及安全措施情况下，盲目拆除了底层六开间的全部承重横墙和绝大部分内纵墙，致使上部结构传力路径中断，二层楼面圈梁不足以承受上部二、三层墙体及二层楼面传来的荷载，导致该辅房自下而上连续坍塌。

每一次生产安全事故的背后，都是对安全风险管理的失职。社会与组织面对安全风险，不仅要有足够的前瞻性，以显著减少将来发生安全事件的次数，还需要继续改善事件响应流程，尽可能快地修复受影响的系统，减少人员与财产的损失。

三、风险社会与危机管理

危机管理包含危机的事前、事中、事后全过程管理，是从危机预警防范到危机事后恢复的一系列活动的总和。

危机预警是危机管理的第一步，也是危机管理的关键所在。危机预警需要对可能引发危机的现象或事件进行分析，建立危机自我诊断制度，找出薄弱环节，从根本上减少乃至消除发生危机的诱因。因此需要构建危机预警系统，要充分发挥互联网在危机管理中的重要作用，推动正面声音、引导中间声音、化解负面声音。舆情监测人员要采取有效的监测方法和管理手段，及时发现、处理问题。

危机处理是危机管理的核心环节，将决定危机管理的成败。

而危机修复是危机应急管理的最后环节，担负着消除危机遗留问题和影响的重任。危机往往会给当事方造成巨大损失，因此对危机管理进行认真系统的总结十分必要。须调查危机产生原因，详细地列出危机管理中存在的各种问题，并有的放矢地整改，运用一系列危机善后管理工作来挽回不良影响，以重新帮助组织建立公众信任感。

危机过后，应撰写舆情报告，总结经验，避免再犯。舆情报告是对舆情事件相关的媒体报道、社交媒体传播、网民评论做详细的梳理归纳分析，需要对舆情当事人面对的舆论环境、回应内容、回应策略等进行分析，需要有充分的数据支持，以便把握好舆情事件的核心，主要分析舆情事件起因、舆情发展趋势、属性和重点话题等。舆情报告分为周期性报告和一事一议的专项报告，有舆情综述、舆情趋势、观点分布、典型案例分析和研判建议等内容。

在解决社会治安等公共危机的问题上，政府尤其是地方政府应该承担起更大的责任。因此，中国地方政府应该借鉴已经发生的公共危机事件，认真总结经验教训，并且能够根据时代的进步和需要，随时不断变换、提升政府能力。

(一) 政府在危机管理上的不足

中国地方政府在公共危机管理能力建设中存在的问题如下。

第一，地方政府危机管理意识淡薄。天灾和人祸是客观存在的事实，是不能够以人的意志和态度为转移的。在我们的日常生活中，经常会发生公共危机事件。当这些事件发生时，我们不能过度慌张，一定要保持镇定；政府要承担起相应的社会责任，及时解决问题，保障人们生活的幸福稳定。

第二，缺乏相应的公共危机应对机制。政府做事必须有相应的法律依据，单凭号召力以及临时性对策，是行不通的，只会造成更加意想不到的后果，舆论也会持续躁动。当一个公共危机事件发生时，上级部门如何传达指示性政策，所涉及的一系列部门该如何做，如何才能在短时间内解决好，给各级政府提出了一个又一个的挑战。

第三，信息管理系统存在缺陷。这是中国公共危机管理水平相较于其他国家有所差距的一个重要原因。解决公共危机最重要的就是及时发现，并实时监测危机发生的变化，与时间赛跑，这就要求我们拥有强大的公共危机信息管理系统，能及时共享信息，了解事情动态。然而，中国目前的公共危机信息管理系统仍然存在诸多问题，部门之间的壁垒高立，资源共享不及时，政府各个部门以及政府部门与其他社会组织之间沟通不畅，信息流动速度慢，导致应对突发事件不及时。

公共危机事件发生概率高，事件时有发生，有很多前车之鉴。世界各国每年都会发生各种各样的公共危机事件，但中国地方政府并不能做到及时地从已经发生的事件中汲取成功与失败的经验教训，防患于未然。地方政府应总结成功的做法和不可取之处，反思为何会出现类似的事件，是自己的工作不到位、处理不及时，还是社会机制出现问题。只有切实做好完善后的总结与反思，才会为解决下次事件做好准备。

（二）建议

本书在此提出对政府危机管理的建议。

第一，完善应急体制建设，加强相关部门之间的合作。公共危机事件具有突发性、紧急性的特点，这就要求政府各部门在处理的过程中，需要在很短的时间内对现有的各项资源进行充分的整合，以便妥善处理相应事件。在机构设置中，为了能够更好地实现这一目标，应加强相关部门的协调配合工作，逐步建立完善一个行之有效的工作体系，以此来减少政府部门协调的相关环节，减少时间成本，减少浪费，以适应快速反应的需要。

第二，完善危机信息预警系统建设。当公共危机即将爆发时，如果我们能感应到相关的危机信息，一定要做好信息预警，从而为及时有效地解决危机争取时间，给政府以反应的机会。在这种情况下，拓宽危机信息采集渠道就显得尤为重要。在危机尚未爆发之时，就应该树立预警意识和防范意识，合理调动社会资源，拓宽信息采集渠道，及时有效地收集各类信息，做好分类与分析，建立专门的信息预警系统，减少危机的发生。然后加强对信息的分析判断水平，科学预测，科学而准确地判断该危机信息的走势和状态，为科学预警打好信息基础。只有加强提前预测能力，科学设置预警机制，当危机到来时，才能及时采取应对之策。

第三，提高应急联动和整体应急反应能力。公共危机管理体系内容庞杂，管理起来是一项系统工程，需要耗费大量的人力、物力和财力，为了增强公共危机管理的科学性和有效性，我们务必要建设好协调联动系统。政府各个部门应该建立强大的信息沟通网，明确各部门的职责权限，打破条块分割的管理模式，及时将发现的信息传递到各个组织，做好技术支撑。随着技术的进步，应急联动系统对信息传递的时间要求更高，建立指挥中心、若干分中心信息一体化的中枢组织势在必行。只有这样，才能在最短的时间内了解各方危机信息，并且做到统一决策、科学部署。

第四章

跨文化传播下的危机传播与管理

CHAPTER 4

1964年，著名传播学者麦克卢汉在他的著作《理解媒介：人的延伸》中提出了"地球村"概念：随着广播、电视、互联网和其他电子媒介的出现，随着各种现代交通方式的飞速发展，人与人之间的时空距离骤然缩短，整个世界紧缩成一个"村落"。不同地域的人类有不同的文化，在时空距离收缩的背景下，也会产生跨文化交流与碰撞。与此同时，伴随文化交流碰撞产生的危机也愈演愈烈，跨文化视域下的危机公关与传播成为备受关注的议题。

一、跨文化传播理论

（一）跨文化传播理论概述

跨文化传播（inter-cultural communication）理论起源于文化人类学，美国人类学家爱德华·霍尔在1959年出版的《无声的语言》一书中首次提出"跨文化传播"一词。在书中，爱德华提出"文化即交流"观点，以一种跨文化的视角，关注人们非语言的、隐蔽的文化传播模式，使大众意识到文化因素对人际行为的影响。《无声的语言》被视为跨文化传播学诞生的标志，爱德华·霍尔则被称为跨文化传播学之父。

跨文化传播理论在20世纪40年代后期兴起于美国，至20世纪70年代末期发展成为一门有着独特理论体系的独立学科。跨文化传播学是由文化人类学、语言学、社会学等多个学科构成的，美国跨文化传播学者拉里·A.萨默瓦在《跨文化传播》一书中对跨文化传播进行了定义："跨文化传播是在不同文化背景的社会成员之间的人际交往与信息传播活动，也涉及各种文化要素在全球社会中迁移、扩散、变动的过程，以及其对不同群体、文化、国家乃至人类共同体的影响。"[1]中国学者孙英春将跨文化传播分为三种类型：第一种是在不同文化背景下，人们之间的交往和互动行为；第二种是在不同语境下，个体或者群体对信息编码、解码继而进行传播的过程；第三种则是由于参与传播的双方在符号系统上存在差异，从而让传播成为符号交换的过程。[2]跨文化传播的三个因素是：认知要素、言语语言与非言语语言。主要关联到两个层次的传播：日常生活层面的跨文化传播和人类文化交往层面的跨文化传播。

跨文化传播研究聚焦两大维度：一是文化对传播的影响研究，探讨一种文化如何影响另外一种文化，并借助什么样的渠道和运用什么样的方式施加和提升影响力；二是传播对文化的影响研究，分析人类传播科技的变迁对文化个体乃至传播模式的影响等。细分下来，跨文化传播主要研究不同文化背景下的个人、群体、组织、国家之间交往的特点和规律，不同文化之间的意义阐释和理解，人类文化的创造、变迁和分野的进程，还涉及文化与民族心理的差异、跨文化语用研究、文化冲突与解决途径、技术发展对文化的影响、文化的延续和变迁、传播的控制和管理、民族文化自立与发展等诸多方面。其中，跨文化传播话语权研究，跨文化传播形式研究，媒介技术的发展与革新对跨文化传播的影响研究，跨文化传播与国家形象关系研究，成为国内学者最为关注的领域。

跨文化传播理论正在改变着人类生活于其中的社会环境、文化环境乃至整个世界，深刻地影响和动摇着不同文化的深层结构。进入全球化社会

---

[1] 拉里·A.萨默瓦.跨文化传播（第4版）[M].北京：中国人民大学出版社,2010.
[2] 孙英春.跨文化传播学导论[M].北京：北京大学出版社,2015.

之后，跨文化传播理论不仅跨越了时间和空间，也穿越了各种文化共同体，由此改变着不同文化的认知系统、价值建构方式和观念系统。在这样的背景下，跨文化传播学的目标之一，就是要努力呈现全球社会中，社会关系和社会交往的变迁实质。跨文化传播研究的中心思想是，不同文化之间的交流和传播需要的是求同存异，形成共通的意义空间，求共融发展，而不是消灭差异。

在新媒体时代，跨文化传播研究呈现出新特点。进入21世纪，媒介技术变革正在模糊并重塑跨文化传播的信息边界形态，基于新兴信息技术的数字边界正在生成。面向这种由技术引发的全球传播生态的重大变迁，2021年跨文化传播研究的一个趋势就是"平台化"研究。中国跨文化传播研究在经历了对美国跨文化交际理论的基本引介与本土化探索后，呈现出比较化、差异化、自觉化的去西方化研究趋势。

（二）正确认识跨文化传播理论

要正确理解跨文化传播理论，需充分认识跨文化传播理论的组成元素：文化、传播、语境、权力。文化是一群人共有的观念、价值、行为习得模式，文化的内核是观念和价值，它外化为人的行为表现，文化通常被认为是跨文化传播理论的核心概念。传播是信息的传递和共享过程，是人与人之间进行的社会互动行为。语境即传播发生的物质环境和社会环境，语境在很大程度上影响我们如何传播，同样的语境在不同文化中或会引发不同行为。爱德华·霍尔将文化分为高语境文化和低语境文化（见图4-1）。在高语境文化中，大多数信息已经由交际者或传播者本人体现出来，只有很少一部分信息经过编码的方式清晰地传递出来。高语境文化更加依赖和喜爱非语言交流。而低语境文化则正好相反，大部分信息都可以用清晰的编码方式传递出来，且主要通过口语来传达信息。这是因为人们之间的同质性不高，缺乏大量的共同经历。权力广泛存在于社会交往中，在社会中，社会阶级的存在给某些群体的权力比其他群体多，而权力群体在很大程度上决定着社会的传播体系。

高语境文化
日本文化
中国文化
朝鲜文化
非裔美国文化
原住民美国文化
阿拉伯文化
希腊文化
拉美文化
意大利文化
英国文化
法国文化
北美文化
斯堪的纳维亚文化
德国文化
德裔瑞士文化
低语境文化

图 4-1 按照高语境向低语境过渡排序的各种文化

在跨文化传播过程中，不可避免地存在一些固有障碍，例如民族优越感、刻板印象、偏见、歧视。这些障碍形成的主要原因是，每个人所处的文化背景不一样，形成的价值观不同。民族优越感是指，认为自己群体的文化优于其他群体的文化。刻板印象是有关一群人的被广泛接受的观点。刻板印象产生的影响有正面的也有负面的，例如，穿着朴素的顾客在奢侈品店遭到嘲讽便是由"销售员认为穿着朴素的顾客消费不起昂贵的奢侈品"

这一刻板印象引起的负面影响。刻板印象可以帮助我们预测并对他人做出反应，但这种先导性观念一旦与当下的状况存在偏差便会诱发危机。与刻板印象一样属于提前判断的还有偏见、歧视，在种族问题当中常常存在偏见和歧视，由肤色差异引起的偏见进而导致在社会交往中产生对其他肤色人种的歧视常常是种族冲突的诱因。

（三）跨文化传播相关理论

跨文化传播研究使用的理论工具有三大来源：一是对传播学的理论加以扩展，形成跨文化传播理论；二是援引其他学科的理论，作为跨文化传播理论工具；三是在对跨文化传播现象进行专门研究的基础上发展新的理论。这些理论主要是在20世纪80年代之后陆续出现并逐步得到验证和应用的，大致可以分为七类。

第一类是关于文化与传播过程的理论，具有代表性的主要有建构理论（詹姆斯·阿普尔盖特，研究核心是文化与传播的关系[1]）、意义协同管理理论（巴尼特·皮尔斯，一种规则理论）。

第二类是解释传播过程中文化差异的理论，主要包括面子—协商理论（斯特拉·丁-图米，文化的规范和价值影响并改变着文化成员如何管理自己的面子以及如何面对冲突环境），会话制约理论（金明善，人机会话是以目标为导向的，需要传播者之间相互协作）和预期违背理论（朱迪·伯贡，每一种文化都有针对人类行为的若干方针，让人们可以获得对他人行为的预期——违背预期的行为会引起不安与警觉，而未被预期会导致什么后果，则由传播者的特征决定）。

第三类是聚焦跨群体/跨文化有效传播的理论，相关的理论主要有文化趋同理论（劳伦斯·金凯德，通过若干回合的信息交换，两个或多个个体将

---

[1] 在以下7类跨文化传播理论的表述中，本书以括注方式表现理论提出者及其相关观点。——编注

逐渐趋同，对各自的意义实现进一步的理解），有效决策理论（约翰·奥特泽尔，对于跨文化群体而言，如果群体成员能够理解存在的问题，为之建立"适当的"标准，提出一些备选的决策，并分析这些备选决策的正／负效果，那么这些群体做出的决策会更加有效）。

第四类是针对调节或适应的理论，侧重于传播活动的参与者彼此之间的相互调整或适应，主要有跨文化适应理论（爱林斯·沃斯，由于所有的传播活动都会涉及不同程度的文化差异，所以对跨文化传播活动的解释应从人际传播入手，同时要纳入相关的文化要素来进行考察），传播调节理论（霍华德·贾尔斯，互动中的人们通过使用不同的会话和行为策略来显示自己的态度，他们还会运用策略来获取听话人的赞同、好感，或用以彰显认同的独特性。此外，这些会话和行为策略的使用与变化，不仅与传播者的动机有关，还会受到传播者的认同以及传播者所处的社会历史语境的影响）。

第五类是关注跨文化互动中认同的协商或管理的理论，较有代表性的有认同协商理论（斯特拉·丁－图米，跨文化传播能力的实质，就是互动各方在传播中进行的认同协商的有效性），认同管理理论（威廉·库帕克，当对话者有着不同的文化认同时，他们进行的是跨文化传播；有着相同的文化认同时，进行的是文化内传播），认同的传播理论（迈克尔·赫克特，认同是一个传播过程，是在传播过程中建构、维持和调整的，认同在传播过程中得以实现和交换，传播是认同的具体化）。

第六类是聚焦传播网络的跨群体、跨文化传播理论。这一类型的理论有一个共同的假设：个体的行为更多地受到个体之间关系，而不是个体特征的影响。所以，这些理论关注的是人们在群体／社会中所处的位置及相互间的社会关系，而不是信仰或规范，也不是静止的、与外界壁垒分明的群体本身。相关理论有：网络与外群体传播能力理论（金英润，运用个人网络的概念来解释外群体传播能力，个人网络是个体之间的诸多关联，自我会有意无意地依赖个人网络的其他成员去感知和解释他人的特征与行为），文化内与跨文化网络理论（廉俊玉，相比文化内部的行为，不同文化之间的行为具有更多的变化），跨文化工作组有效传播理论（内部多元的工作团队在解决困难方面要比单一群体更具有创造力）。

第七类是关注涵化与调整的跨文化理论，主要包括传播涵化理论（金英润，关注文化间由不同程度的趋同导致的变迁现象，尤其体现在移民等跨文化互动场景中，双方文化因持续的相互接触和影响而发生融合与变化），互动涵化模式（理查德·柏希思，东道国与移民群体之间的关系是在国家整合政策影响下双方涵化取向共同作用的结果之一），焦虑–不确定性管理理论（威廉·古迪孔斯特，在与不同文化的人们交往时，不确定性会被不可避免地放大），同化偏离与疏远理论（迈克尔·麦奎尔，同化与适应并非适应过程的最终结果，而是传播过程的暂时结果），文化图式理论（西田宏子，图式是指一种心理过程，人们将从以往经验中获得的知识整合到相关的知识体系中，用于指导在熟悉场景下的行为。文化图式理论指出，当人们在某种场景下与同一文化的成员互动时，或者当人们多次谈论某种信息时，文化图式就会产生并存储在他们的长期记忆里。当人们在类似的场景里发生更多的互动，或是交换的信息更多时，文化图式就会变得更为系统，也更为抽象和缜密）。[1]

跨文化传播研究延伸出了一些与跨文化相关的概念，比如美国人类学家奥伯格（Kalvero Oberg）在1960年提出的"文化休克"。文化休克是指，人由于接触非本民族文化而引起文化上的冲突和不适应，从而产生的深度焦虑的状况，属于跨文化传播的一种障碍。奥伯格认为，"文化休克是由我

---

[1] 孙英春.跨文化传播学导论[M].北京：北京大学出版社，2015.

们失去了所有熟悉的社会交流符号和标志所带来的焦虑引发的",他指出了文化休克的心理演变过程:蜜月期、沮丧期、调整期、适应期。简言之,文化休克就是在跨文化交流时,原本熟悉的事物变得陌生,同时心理上出现不适应的现象。文化休克与人们的意识强弱相关,在成人中比在婴儿中表现得更强烈。此外,文化休克的程度还与人们对差异文化的了解程度、在差异文化中生活时间的长短以及文化心态的开放程度等因素有关。

霍斯金斯(Colin Hoskins)和米卢斯(R. Mirus)在1988年发表的论文《美国主导电视节目国际市场的原因》中首次提出了文化折扣的概念。文化折扣是指,因文化背景差异,国际市场中的文化产品不被其他区域受众认同或理解而导致其价值的减少。霍斯金斯等人认为:扎根于一种文化的特定的电视节目、电影或录像,在国内市场很具吸引力,因为国内市场的观众拥有相同的常识和生活方式;但在其他地方吸引力就会减退,因为那儿的观众很难认同这种风格、价值观、信仰、历史、神话、社会制度、自然环境和行为模式。即文化结构差异是导致出现文化折扣现象的主要原因。

二、跨文化传播与危机传播

随着社会的发展,由突发事件引发的公共关系危机呈几何式增长,危机如影随形,危机事件层出不穷。我们每天打开电视、网络,能接收到各种突发危机事件的信息,这些危机事件涉及政府、社团、企业、个人,即使是拥有缜密的运作体系的组织也不可避免地会发生危机事件。在全球化背景下,一个危机事件的发生,不仅会引起事件发生地公众的注意,更会引起全世界公众的关注。在这个过程中,跨越两种或多种文化的信息传播活动便形成了。如2013年美国的"棱镜门"、英国"窃听门"危机事件,将美国政府和英国默多克新闻集团置于舆论中心,接受全世界民众的议论。

在危机事件的跨文化传播过程中,及时、正确、恰当地做好危机事件的信息传播，减少两种异质文化间的误读显得尤为重要。危机传播管理是指，在危机事件的发生前期、过程中期和事态后期，实现组织和其受众群之间的沟通对话。学者史安斌等认为："跨文化性的危机传播是由'非常态'事件或状态的传播过程中复杂的、动态的配置组成的，组织（如政府或商业机构）和其中一个或多个来自全球范围内的利益相关者将其视作危机，在该过程中，来自不同国家、社会和文化集体的混合行动者、语境和对话都在通过数字媒体平台争取话语权。"[1]

（一）媒体与跨文化危机传播

在危机事件发生、发展过程中，媒体发挥着重要的作用。由于具有天然的把关属性，媒体对危机事件的编辑、报道决定了事件的传播范围以及受众对事件的认识，因此，危机与传播有着密切的关系。危机传播的核心是信息，媒介是将信息传递给受众的渠道，危机传播活动中一切的出发点是目标受众。值得注意的是，在互联网时代，危机事件在传播中极易形成舆论旋风，且对危机事件的管理变得更为复杂。跨文化危机传播作为异化情境下的特殊传播形态，一方面遵循所有传播形态的共同特质，另一方面又由于危机变量的介入，呈现出独有的特点。其一，危机传播是混乱符号和不确定意义的共享过程，组织与利益相关者对符号的选择、编码、解码都面临着困境，缺乏共有的意义空间。二者互相作用，加剧危机传播的不确定性。其二，危机传播是信息传播主体与客体非秩序化复杂互动的过程，在跨文化危机事件传播过程中，组织与利益相关者由于存在意义符号解码的不确定性，容易导致主客体关系混乱，双方在对话场域中随时进行主客体角色的转换，彼此的传播关系也变得忽明忽暗。其三，危机传播是一个失衡的信息系统，是各种信息碎片的杂合体。跨文化危机传播过程中的结

---

[1] 史安斌,张梓轩.危机传播的跨文化转向研究：基于对"帝吧出征 Facebook"事件的多元声音分析[J].新闻与传播评论,2017(1):166-183.

构和秩序被改变，原本有章可循的信息传播过程被杂乱的信息与澄清行为打乱，信息传播难寻规律。

在跨文化危机传播中，由于双方存在所属文化的差异，危机传播面临的情况更加混乱，符号的编码、解码增加了一层或多层屏障，同时传播过程中的干扰要素存在更大的不可预见性，这无疑会大大增加危机解决的时间和难度。

2007年2月7日，中国国奥队在英国与当地的皇家园林巡游者队进行热身赛时，双方发生冲突，导致比赛被迫终止，其中多名中国球员受伤。当晚，国奥队召开新闻发布会道歉并承担全部责任。一时间舆论哗然，从国内到国外，国奥队都成为众矢之的，中国足球形象受到严重影响，原定的另外两个热身对手相继以各种理由取消了比赛。虽然后经英格兰足球总会调查，斗殴事件的责任被认定由英国皇家园林巡游者队承担，但此事件给国奥队造成的负面影响已无法消除。此次斗殴事件实际上是一次典型的跨文化传播中的危机事件，然而国奥队实施的公关行为事后被证明存在诸多失误之处，不仅没有化解危机，相反还导致了对组织形象的更大损害。首先，虽然国奥队迅速召开新闻发布会表明态度，但在还没有弄清楚事实的情况下就贸然承认错误，导致西方媒体舆论一边倒，国奥队成为众矢之的。其次，没有全面公开引发斗殴事件的所有细节，也导致国奥队吃了"哑巴亏"。

从跨文化危机传播的角度出发，在上述斗殴事件中，国奥队的公关团队需要做到以下几点。其一，应注意不同文化语境的转换，避免文化误读。东西方文化存在显著差异，东方文化受儒家思想的深刻影响，强调社会的和谐，将忍让、宽容视为美德，在传播模式上以集体主义为导向。西方文化则强调个体权利，认为社会是独立个体的集合，在传播模式上以个人主义为导向。在斗殴事件发生后，中国足球协会马上要求国奥队道歉，并将郜林等 7 名球员送回国内，实际体现出个体权利服从于集体荣誉的文化逻辑。在发布会上，国奥队只顾道歉，却没有提及对方显而易见的挑衅行为，也许是想顾全大局，表明和谐处理、大事化小之意。但事实是国奥队的退让并没有息事宁人，相反还被英国方面解读为中国队才是罪魁祸首，媒体上一片批评之声，甚至还有人将其与北京奥运会相连，使集体（国家）荣誉受到的损害更为严重。其二，应针对具体诱因来实施公关策略，把握适度原则。危机诱因影响着危机的爆发和发展，也影响着不同利益相关者的反应，只有寻找到引发危机的具体诱因，才能采取有效的公关策略。其三，应充分利用一切信息渠道，掌握跨文化环境中媒体传播的策略，把握舆论主动权。长期以来，西方国家媒体对中国的新闻报道存在一种以负面为主的价值取向，隐藏其中的媒体偏见与刻板印象使他们对与中国有关的危机事件格外敏感。在斗殴事件发生后，为迎合本土受众，国外媒体在报道中不可避免地存在本土化的情感倾向，再加之国奥队的单方面道歉，难免会导致某些媒体小题大做，甚至大肆渲染。

有鉴于此，在跨文化传播中组织的媒体公关策略更显重要。首先，要掌握当地媒体的传播方式和运作模式，把握舆论的主动权。其次，要掌握相关事件的证据，在澄清事实的基础上明确本方立场，不做无原则的让步或表态，最大限度地争取自己的权利。最后，组织要充分利用一切国际传播的信息渠道，包括中国驻外媒体和大使馆，借助他们专业的处理能力与渠道进行公关。[①]

（二）社交媒体时代的跨文化危机传播

随着全球化进程的加剧，危机不再局限于一城一地，而呈现出跨媒介、跨地域、跨国界等特点。社交媒体的出现使得危机传播的过程更加复杂，

---

① 付晓静. 跨文化传播中的危机公关：以"国奥斗殴事件"为例 [J]. 东南传播, 2007(7):59-60.

危机传播已由"政府主导、媒体执行、公众接受"的单向模式，转为"多元主体各自发声、互相回应、交叉传播"的多向模式。在这样的背景下，危机传播研究面临着诸多新机遇和新挑战。社交媒体上，跨文化危机传播不仅传播速度快，其产生的影响也更大。这是由于随着现代传播技术的发展，社交媒体使每个人都有自由发声的机会。在中国环境下，民族主义、爱国主义是中国人与生俱来的情感。在中国进行传播活动，需要充分认识并尊重中国人民的爱国情感，尊重本土文化，否则就会产生危机事件。

2018年11月18日，杜嘉班纳在其官方微博上放了一段主题为"起筷吃饭"的广告视频，为几天后的上海大秀宣传造势。拍摄主题是饮食文化差异，视频内容是"如何用筷子吃传统意大利食物"。亚裔模特在视频中用奇怪的姿势使用筷子吃比萨，展现筷子在意大利食物面前束手无策。为了模仿中国人的土味发音，短片还把"Dolce&Gabbana"读成"豆儿丝嘎巴娜"。总之，短片的配音、演员、文案、构思均引发网友负面评价，网友认为视频内容有明显辱华的倾向。一位网友在网络上说起这件事，杜嘉班纳设计师斯蒂芬诺·嘉班纳前来争辩，随后二人的聊天记录被曝光。在聊天记录中，杜嘉班纳设计师斯蒂芬诺·嘉班纳恼羞成怒，大骂出口，原文翻译过来是："那支视频已经从中国的社交网站上删除了……发这个视频是我的意愿，我永远不会删除它。没有你们，我们也照样过得很好。哈哈哈哈哈……你觉得我会怕你曝光吗？"其间多次辱骂中国和中国人。聊天记录曝光后，原本受邀参加大秀的一众明星纷纷退出大秀。之后，杜嘉班纳方面发文称，自己的设计师被盗号，以上内容并不是本人所发。而后又称并没有歧视中国，表示杜嘉班纳中有很多中国员工，并在文章的最后说道："我为你们只能从中看到歧视而感到遗憾。"这些澄清内容无疑带来了反效果：我们这么大的国际品牌都屈尊用了很多中国人了，你们还有什么不满意的？11月21日下午4时，杜嘉班纳官方发布大秀取消的消息，至此，杜嘉班纳在中国市场被抵制并下架。

在此次危机事件中,杜嘉班纳方面的危机公关属实没有做好。首先道歉毫无诚意,在态度方面有问题。在涉嫌辱华的宣传视频被网友抨击后,杜嘉班纳仅仅在中国社交网站上删除了视频,网友仍然能在 twitter 上看到这段视频。这显然是糊弄中国消费者的行为,掩耳盗铃,使自身在中国的声誉形象雪上加霜。2017 年"D&G 爱中国"的土味广告也曾引起争议,他们自以为是地融入他们所谓的"中国元素",却被网友指责丑化中国人形象。一个品牌想要打入一个市场,首先应该做到的就是去了解他们的文化,尊重他们的文化,给出足够的诚意。其次,公关理由牵强,拒不悔改。杜嘉班纳的品牌名来自它的两位创办人的名字杜梅尼科·多尔奇和斯蒂芬诺·嘉班纳,后者作为一个将名字融入品牌的设计师,已经足够代表整个品牌,他的言行代表着品牌的价值观。在聊天记录曝光后的将近四小时里,杜嘉班纳官方所想到的理由居然是盗号,这个公关理由实在牵强。最后,杜嘉班纳在大秀将要举行的当天宣布取消这场秀,这一公关补救措施与其说是体现了仅剩的一点诚意,还不如说是不得不为之。无论怎样,杜嘉班纳在中国人心中留下的辱华形象已经牢牢扎根。以后杜嘉班纳再在中国做活动,这件事情就会被再次提起。因此,对于跨国品牌,要做好跨文化传播活动,必须要了解并尊重其他国家的文化,避免因文化认知差异或态度问题引发危机事件。而在危机爆发后,更应当正视自身存在的问题,敢于承担责任,立正挨打,再在后续的行动中进行形象修复。

杜嘉班纳事件爆发的源头是网友在社交媒体上讨论辱华视频,而后续网友跟进事件,引发了大规模讨论,在新浪微博上 50 个热搜中有 25 个和杜嘉班纳相关,这应该是杜嘉班纳在新浪微博上热度最高的一次了。在此次事件中,社交媒体可以被称为舆论发散地。因此,在社交媒体时代,企业、政府或其他组织在应对危机时,应重视社交媒体舆论,利用好社交媒体，在遇到重大活动或突发性事件时，社交媒体官方账号应第一时间发布信息、澄清谣言，并以诚恳的态度平等地与大众对话沟通，提高网友对于官方信息的信任感和认同感，减少因社交媒体舆论而引发的次生危机。

（三）谣言引发危机

美国学者埃弗雷特·罗杰斯认为在信息传播中存在传播流，其在名为"创新与普及"的报告中提出，传播过程可以分为两个方面：一是作为信息传递过程的"信息流"，它的作用在于告知人们发生了什么；二是作为效果形成和发散过程中的"影响流"，它的作用在于告知人们怎么办。中国学者胡百精在此基础上提出了危机传播流 3F 假设，除了罗杰斯提出的信息流、影响流，胡百精还增加了噪声流。在危机中，噪声流一方面加剧了信息流的不畅，一方面扩大了影响流的散乱，而信息流、影响流又不断酝酿噪源、制造噪声。[①]

宝洁公司和撒旦崇拜谣言，就是典型的噪声影响传播案例。宝洁公司最早的商标诞生于1850年，画面描绘的是一个站在月亮上的男人和环绕着月亮的13颗星（代表美国最早独立的13个州）。这个商标成为佳洁士牙膏、汰渍洗衣粉、帮宝适尿布等宝洁公司所有产品的标识。到了1979年，一条谣言传播开来，谣言称宝洁公司被由文鲜明牧师创立的统一教会收购。最初，大量消费者拨打了宝洁公司顾客服务中心的免费咨询电话热线。宝洁公司则在电话中向消费者否认了这则谣言，并邀请了特定领域的新闻机构进行辟谣。不久，谣言悄然改变，宣称宝洁公司涉及魔鬼崇拜，其商标中站在月亮上的人及代表美国最早独立的13个州的13颗星的设计是撒旦崇拜的象征。

统一教会的谣言逐渐消散，撒旦崇拜的谣言又悄然兴起。谣言称，宝

[①] 胡百精. 危机传播管理：流派、范式与路径[M]. 北京，中国人民大学出版社，2009.

洁公司的一个经理在一个电视节目中公开承认，宝洁公司为了获取巨大利益，同撒旦签下了一份契约。谣言以广告传单的形式传播开来，这些传单通常连公司名字都会拼错。内容则称宝洁公司10%的收益流向了撒旦教会，并号召公众对宝洁公司的产品进行抵制。一些教会的主教相信了该谣言，并号召他们的信徒停止购买宝洁公司的产品。谣言愈演愈烈，并暗示宝洁公司商标中有一个666的标志——有些人将宝洁公司的商标拿到镜子前，并从镜子里看到月宫里的人的卷发呈现6的形状，而这个标志在《圣经·启示录》上被用于指代恶魔。宝洁公司担心公开回击谣言会带来新的问题，因为这样会让更多原本没听到过谣言的人知道这个事情。宝洁公司最后求助于宗教领袖杰瑞·福尔韦尔和葛培理牧师（Billy Graham），他们公开为宝洁公司辩解，并向4.8万个教堂、教会写信解释此事。

谣言逐渐平息，但有时也会再度爆发。一些传播谣言的人被起诉，这种情况会让人们意识到这些谣言是无稽之谈。通常，在造谣生事的人道歉后，舆论对企业的指责就会随之下降。除企业的相关出版物，宝洁公司从20世纪80年代中期开始逐步停止使用此前的商标。此前为平息有关商标的谣言，宝洁公司已经花费了10万美元。[①]

3F假设为组织于纷乱中保持冷静，理出头绪，抓住危机传播管理的主线指明了方向：控制信息流，引导影响流，消解噪声流。这三条主线实质上构成了危机传播管理的基本内容。谣言在一定程度上会影响危机传播的进程，谣言所引发的噪声时刻影响着危机事件的处理。谣言可分为牢骚性谣言、攻击性谣言、宣传性谣言、牟利性谣言、误解性谣言。面对由谣言引发的危机事件，应认识到以下几点。第一，谣言本质上是一种未经证实而流传的信息，权威、明确的信息源的确立是管理谣言的基础。第二，谣

[①] 凯瑟琳·弗恩-班克斯.危机传播：基于经典案例的观点（第四版）[M].上海：复旦大学出版社，2013.

言倚重人际传播和群体传播两种形态，倚重私下的口口相传，大众传播应成为公开真相、遏制谣言的主渠道。因而，重用、善用大众媒介是谣言管理的一个基本手段。第三，谣言在信息结构上包含"事实"和"意见"二维，因而"证实之事"和"正确意见"共同构成了调控谣言的内容体系。中国的两句古话代表了两种谣言控制观念：一是"谣言止于智者"；二是"谣言止于公开"。其实，应对谣言，直面它、击破它才是正确之道。

在此案例中，造谣者对宝洁公司的商标进行了谣言攻击，由此对于企业来说，在进行品牌塑造、活动宣传时，不仅需要了解主流文化，还需要对亚文化有充分认知，避免因不了解地区亚文化而引起争议，给企业带来危机。

三、跨文化传播与危机管理

（一）引发跨文化危机的原因

在跨文化危机管理中，不同文化系统之间的差异是引发跨文化危机的核心所在。地域、种族、宗教等因素影响塑造了不同的文化系统。一个文化系统可以外化为行为、制度、精神等，由这些具象事物引起的危机事件常常发生。

1. 行为文化是外化

行为文化是在人际交往中以约定俗成的礼俗、民俗、风俗等表现出来的行为规范。由自然条件造成的行为规范差异称为"风"，由社会文化造成的行为规范差异称为"俗"，所谓"百里不同风，千里不同俗"。风俗习惯的历史性和地域性使它严格地制约着人们的行为。由风俗习惯引发的跨文化危机为数不少。1960年百事可乐在日本拓展市场时遭遇惨败，正是因为没考虑到关于颜色的文化差异。百事可乐的包装和标志采用了黄蓝白红四种颜色，日本人认为杂乱；而深受欧美人欢迎的其主色黄色在日本则象征死亡，令日本人十分反感。里斯特公司有则著名的电视广告：一个男孩和一个女孩手拉着手，一个建议另一个用里斯特治疗其呼吸困难。"手拉手"广告在泰国播出后遭到强烈指责。泰国人普遍遵守男女授受不亲的戒律，公众场合男女拥抱、亲吻甚至握手都有损风化，"手拉手"广告自然被痛斥为伤风败俗。

2. 制度文化是形式

制度文化是指社会生活在制度、体制、规则、程序等方面的现实特征，它集中反映了国家的政治、经济、法律、社会秩序等的建设状况。在一个社会中占统治地位的文化内涵，基本都渗透在制度中。由于历史原因，不同的国家有其自身的制度选择。面对形式、风格迥异的制度，公关组织必须"量体裁衣"。2019年8月10日，有网友指出，意大利奢侈品品牌范思哲涉嫌"港独""澳独"，原因是范思哲的一款T恤所印刷的文字将中国香港、中国澳门两座城市单独列为"国家"。此举引发了广泛的舆论声讨，包括杨幂在内的品牌代言人迅速官宣与范思哲解约，并删除此前代言品牌的有关内容。面对这样严重的制度冒犯，范思哲没有在第一时间做出反应，在随后的官方微博中表现出的态度也十分敷衍，很多公关措辞如"部分消费者""错误设计""疏忽"等都有推卸责任、轻描淡写之嫌。这种息事宁人的做法，触碰到了国家的底线，引起了消费者的强烈谴责。无独有偶，范思哲的事件尚未平息，蔻驰、纪梵希等国际大牌又接连被曝出类似事件，其公关手段也和范思哲如出一辙。显然，消费者对这些品牌的道歉态度并不认可，很多人都认为这些品牌"两面三刀"，伤害了中国消费者的感情，连《人民日报》都发表锐评，坚称"中国，一点都不能少"。至此，诸多国际大牌都深陷舆论场之中。港澳台问题不仅涉及国家领土，背后更牵扯着中国人民的奋斗史。消费者绝不允许国家主权受到任何侵犯，同时也对模糊、敷衍的态度无法姑息。这给诸多国际品牌敲响了警钟——实施本土化营销策略时，一定要对他国的体制、制度等进行准确的了解，不要随意触碰该国底线。

3. 精神文化是内核

精神文化是人类的文化心态和精神活动的对象化，它是由人类在社会实践和意识活动中长期孕育出来的价值观念、审美情趣、思维方式等构成的。这是文化系统的核心与精髓部分。精神文化深深烙印在国民的价值观念中，倘若这个层次的观念被触及，那事件就很难有回旋的余地。2017年9月24日，由加拿大的Big-O-Tree游戏工作室开发的"肮脏的中餐厅"手游题材被曝涉嫌歧视华裔。据了解，这是一款餐厅模拟经营类游戏，玩家在游戏中控制角色经营中餐厅，可以在游戏中侮辱顾客、打击竞争对手、压榨员工，甚至拿垃圾做成食物提供给顾客，等等。这款游戏暗示所有的中餐厅都很脏，拿垃圾做成食物招待顾客。甚至游戏中的两个人物名字"王福"与"黄福"都表现出对中国人的刻板印象。该游戏以嘲弄华裔作为噱头，引发了华裔强烈的不满。这一手游尚未发布便遭到大量华裔的抵制，他们认为该游戏存在明显的种族歧视和侮辱。连美国一名女国会议员都曾在《纽约时报》公开谴责该游戏涉及种族歧视。面对强大的舆论压力，该游戏开发商提出了道歉，并下架了所有相关内容。这种先入为主的刻板印象所反映出的歧视和侮辱，深深伤害了国民的价值观念与情感。[①]

（二）跨文化危机管理措施

1. 议题管理决定传播性质

危机议题管理的基础理论是议题管理理论，议题管理理论成长于20世

---

① 李登峰,陈李媛,杨莲.跨文化传播视域下国际品牌的危机弥合策略[J].科技传播,2020,12(13):48-49+111.

纪60年代。其时，美国正处于大变动的时期，各种行动抗争团体掀起了种种改革运动。外部环境对企业尤其是大企业非常不利，于是，企业纷纷寻求有利的公共政策来保护自己。1977年，W. H. 谢斯发表《公共议题管理的目标》一文，首创"议题管理"一词："企业应在传统以利益为导向的管理上，引进新的概念与设计，以便更好地管理公共议题。企业的目的是生存，无论政治、经济、气候为何，都应追求资本，维持高生产力。"在学术界，也有不少的学者认为，议题管理是指对能进入立法程序或政策程序、与公共政策和公共事务密切相关、易引起公众关注和争议的问题进行确认、分析和评估；对这些问题的发展趋势施加必要的影响；在这个过程中，捕捉这些议题为组织发展带来的各种机遇；规避和防范这些议题给组织带来的风险和危机，使议题的发展结果、趋势有利于本组织的生存和发展。

议题管理的核心问题是设置媒体议程和影响意见领袖。媒体在政治、经济、文化和日常生活等诸多领域为公众设置了关注、思考和讨论的议题，这些议题成为公众生活不可缺少的部分。不难看出，在现代社会中，影响了媒体议程就意味着影响了社会议程。各类组织争相接近媒体，最大的目的便是争取到定义媒介框架的机会。

根据二级传播理论，我们知道在任何事件的传播过程中都存在意见领袖。在危机中，每个利益相关人群中都有少数人扮演着意见领袖的角色。他们对危机根源、诱因的看法影响着其他人对危机的认识，并且他们具有对事件进行解释、扩散以及设置议程的权力。因此，如果能够赢得意见领袖的支持，那么就能够在一定程度上赢得他所在群体的更多人的支持。

在跨文化危机传播管理过程中，进行议题管理对于传播主体而言，一是可以在源头上建构舆论性质，二是可以在危机管理过程中有效把控舆论方向。就中国对外推行"中国文化走出去"而言，掌握传播议题将有利于中国文化在海外形成更大的影响力。

2018年5月和7月，中央广播电视总台国际在线与中共合肥市委宣传部以及哈尔滨市人民政府新闻办公室联合主办"改革开放40年海外大V看合肥/哈尔滨"活动，国际在线通过其多种平台资源对活动进行了多语种报道。这两场活动均以海外大V作为跨文化传播的关键节点，海外资深媒体人、作家、主持人、记者、企业总裁等知名度较高的人士通过自己的社交媒体账号分享见闻，以亲身体验的方式实现不同文化之间的交流和碰撞。外国人的个人化叙事既提升了内容生产的国际化程度，也在一定程度上扩大了中国文化在全球的传播范围。截至2018年6月12日，国际在线用11个语种，通过多语种网站、客户端、海外社交媒体发布相关消息，仅合肥活动就累计覆盖海外受众超过100万人次。2018年5月11日，新华日报社全媒体国际传播部正式启动"改革开放四十年 海外友人看江苏"全媒体活动，以期呈现和江苏密切相关的外国友人的故事。全媒体活动以外国友人作为叙事主体，将改革开放相关政策融入鲜活生动的故事，以便海外网友更加全面、真切地认知中国改革开放。报道选择了40位海外友人的故事，以图片、视频、H5等多媒体形态在海内外媒体和社交平台上广泛传播。与此类似，2018年11月12日，北京市人民政府新闻办公室和光明日报社、光明网联合推出了40集微纪录片《40年回眸，我们和北京一起绽放》。纪录片展现了来自22个国家的40位常驻北京的外国友人的故事，他们分别来自经济、文化、科技等各个领域。在纪录片中，外国友人通过亲身经历描述改革开放带来的国际影响："我是随着北京和中国的改革而改变的，我的生活也和中国老百姓一样发生了变化（CNN北京分社前社长吉米）。""北京和中国都已经变得举世瞩目，也成了我们生命中浓墨重彩的篇章（人人网联合创始人之一理查德·罗宾逊）。"微纪录片其实就是微视频，系列微视频的传播方式贴合新媒体平台微叙事、短呈现的新趋势。

上述内容创新充分调动了外国人的中国故事讲述热情，他们既是跨文化传播的中介，也是跨文化传播的目标。很多时候，作为他者的外国人通过多平台、多语言和多形态的叙事，已将中国文化内化为自我的经验与意义阐释。

2. 危机修辞影响传播效果

危机修辞，就是在危机发生之时，信息发布者利用危机素材和各种表现手法恰当地表述危机事件真相的一种活动。它能帮助发言人用通俗、丰富的语言来发布危机信息，从而进行有效的表达，能够引导舆论，引发关注。这种有效的危机表达是具有准确性、可理解性和感染力的表达，有利于化解危机形势，并且也符合信息发布者的表达目的。

面对现在传播方式剧变的媒体环境，组织应该重新熟悉媒体进行信息传播的话语体系，打破行政语言的僵硬语态，吸收通俗、鲜活的修辞和表现形式，采用故事化、情节化、细节化的叙事和幽默风趣的风格，形成一种新的传播语态，以真实、合理的舆论影响力服务社会，让受众感受到平等和尊重。面对与媒体和公众的沟通，组织可以从具体事例或形象的比喻入手，吸引媒体和公众深入倾听和了解，使之正确认识危机，并在潜移默化中理解组织想要传达的立场和观点。

2018 年 10 月 28 日开播的纪录片《风味人间》以"穿越四季，跨越山海，寻找风味的旅行"为主题，运用独特的跨文化叙事视角讲述中国故事，传播中国声音。在《风味人间》中，创作者对饮食、情感、时间等符号进行编码，再以其独特的视听语言风格，在蒙太奇的快速转换中进行着深刻而真诚的阐释，谋求各国各民族的理解与认同。①

3. 恢复管理定义组织后续

危机恢复管理，是指在危机态势被控制以后，组织开始致力于修复危

---

① 陈静怡. 美食类纪录片《风味人间》跨文化传播的策略研究 [D]. 成都：四川师范大学，2021.

机造成的各方面损失,以维护组织形象,并对整个危机管理过程进行评估总结的过程。这是危机管理的最后一个环节,也是最易被忽视的一个环节,但是它在整个危机管理的过程中发挥着重要的作用。首先,在危机基本消除之后,组织各方面工作需要从混乱状况恢复到常态,危机恢复管理就是要对这一过程加以保障。其次,组织要总结经验、吸取教训,以提高未来应对危机的能力,并对危机预警机制等做出改进。最后,组织若能在这一阶段有效利用各种渠道有效传播,不仅能达到修复自身形象的目的,甚至可以转"危"为"机",达到反败为胜的效果。

危机恢复管理是危机管理中不可或缺的环节,而危机管理效果评估在危机恢复管理中又占据要位。危机管理效果评估主要指的是对危机管理的有效性进行评估的活动,其作用是总结危机管理过程中的经验教训,为危机管理提供重要的反馈信息,除了可以弥补管理漏洞,还可以进一步提高组织应对危机的能力。

对危机管理进行效果评估是危机恢复管理的前提,胡百精教授提出的"危机传播管理事实与价值模型"揭示了危机管理效果评估的两大维度——事实维度和价值维度。对于危机恢复,主要使用美国学者库姆斯提出的情境危机传播理论。前文已有提及,此处不再赘述。

跨文化传播是一种伴随人类成长的历史文化现象,也是现代人的一种生活方式,它强调在"我"与他者之间形成主体间性的理想状态,站在他者的角度上思考,克服陌生、焦虑和不确定性,在不同文化间生成融合的"我们"。跨文化危机传播管理在全球化时代延伸至更广的领域,实践方式呈现出更加多元的态势。现代技术的发展、应用和制度化建构重构了人类社会实践的方式,这些社会实践已经成为催生复杂多变的跨文化传播模式及理论创新的内生动力。在跨文化危机传播管理的实践中,组织要在主动与外来文化的接触中,有效吸收其对自身传播有利的因素,使外来文化中有价值的因素在传播中与组织自有文化实现有机的、和谐的结合，从而对文化冲突危机实施有效的跨文化管理。

（三）跨文化传播困局破解

除了促使智能媒体在技术和机制上进行自我完善和修正，要破解跨文化传播的困局，还需提升人类自身的跨文化传播素养和以重点新闻网站与大型社交平台为代表的新型主流媒体的国际传播能力。

首先，无论是新闻内容生产者、新闻网站和社交媒体的运营者还是受众、用户，都应当像对待自身文化那样尊重其他文化，不应使用语言或符号来有意贬低他者，从而打破"偏见闭环"对个体和社群的桎梏。

其次，信息传播者和内容生产者应当客观、真实地认识和再现外部世界。诚然，不同文化对"真实"的界定并不相同。所谓"真实"只是一种社会与文化建构。即便如此，在跨文化传播中，信息和内容生产主体也不能蓄意歪曲真相，误导和欺骗受众。

最后，应聚焦不同国家和文化背景下的人际沟通与组织交流，关注各种不同文化的"交集"和"共情"，最大限度地做好跨文化传播，消弭彼此之间的差异和分歧。

第五章

技术变革下的危机传播与管理

CHAPTER 5

随着中国社会经济的不断发展进步，以互联网为核心的新媒体迅猛崛起，5G、大数据、人工智能等新兴技术带来了新的生产力，同时也在舆论场域中起到了越来越大的影响作用：一方面，新技术赋予了群众更大的话语权；另一方面，新技术也容易让舆论扩散呈现失控的状态。在这样的景观下，厘清如何让技术为危机公关与传播赋能，以及技术在危机公关与传播中扮演的角色显得尤为重要。

一、5G 技术与公共关系

5G 时代，将是生活方式不断更新的时代。5G 将和大数据、云计算、人工智能等一道迎来信息通信的黄金时代。5G 还将开启物联网时代，并渗透到各个行业，促进各个行业的数字化发展，这无疑也将给传媒与传播业带来巨大的机遇、挑战与变革。

（一）5G 的定义与发展现状

5G，即第五代移动电话行动通信标准，也称第五代移动通信技术，是4G 的衍生物。各种设备接入 5G 网络后可以高速联网，实现信息交互。2019 年 1 月 10 日，工信部宣布发放 5G 临时牌照，5G 牌照的颁发标志着中国正式进入 5G 商用元年。移动、联通、电信三大运营商争相推出 5G 套餐，各大手机品牌推出 5G 系列产品，5G 逐渐在商用领域发展起来。至此，5G 进一步走入大众视野，在实践领域迈出标志性的重要一步。

移动通信技术的发展，已经经历了从1G到4G共四个时期。最初的1G模拟时代，主要关注语音通信的模拟信号传输；2G时代实现了数字革命，完成了语音通信的数字化，大大提高了通话质量和数据传输效率；3G时代实现了数据飞跃，支持更高速的数据传输，为移动互联网的兴起奠定了基础；而4G时代则迎来了全面升级，数据传输速率大幅提升，满足了人们对移动互联网应用的更高需求。如今，5G正引领我们迈向一个全新的智能互联时代，为实现人工智能、物联网、虚拟现实、机器学习等技术的广泛商用提供了强有力的支持。5G融合了多天线传输、高频传输、软件定义网络等最新的无线技术，是信息时代加速信息爆炸的一个重要里程碑。

（二）5G的特征

第一，传输速度快。相较于4G，5G将以一种全新的网络架构，提供峰值10Gbps以上的带宽，用户体验速率可稳定在1～2Gbps，传输速率是4G的几十倍到上百倍。信息交互性显著增强，将使得公共关系领域的信息互动更为迅速便捷，因而也给组织方的公关管理带来挑战。

第二，时延较低。4G网络时延为20～30ms，在5G环境下，网络时延可缩短至1ms，从而大大缩短了用户接收信息的等待时间。有这么一个形象的例子，2019年1月19日，一名中国外科医生利用5G实时互联互通的特性，在几十公里外对手术机械臂进行精准操控，成功进行了针对实验动物的远程外科手术。在5G大范围普及之后，网络延迟问题将得到解决，届时政民互动渠道和方式也将发生改变。

第三，安全性强。在5G时代，网络安全变成了非常重要的领域。传统的互联网技术主要解决的是信息高速度、低时延、无障碍地传输的问题，但信息安全问题也日益暴露。在5G时代，安全性将被摆在重要位置。基于5G的各种协议和框架将充分保障用户的信息安全，全面提高网络安全性，公共关系活动也将更加安全、稳定和高效。

第四，万物互联。接入 5G 网络中的终端产品将不仅仅局限于手机、平板等交互设备。毫不夸张地说，生活中任何一个产品都有可能接入 5G 网络，进而成为智能产品。小到眼镜、手表、衣服、鞋子，大到冰箱、电视、汽车、房屋，都有可能接入 5G 网络，实现智能化。5G 带来的最大变化就是实现从人与人的通信到人与物、物与物的通信的转变。设备的增长将扩充政府公共关系传播渠道，增加传播工具的数量，进而提升公众关注程度。5G 作为一种推动经济变革的基础性、全局性、广泛性的力量，必然会给先前的公共关系带来影响和变化。

（三）5G 下公共关系面临的挑战

1. 高速低延下的危机发酵

5G 时代，网络传播速度大大加快，互联网环境迎来新一轮的提速发展，它不仅仅是速度与效率的新高峰，也让危机事件的发酵速度成倍增长。危机公关事件一旦发生，就将形成多平台多媒体的即时性传播。各种各样的言论、观点、理念等信息，在 5G 的加持下，以更清晰、更快速、更难以溯源的方式出现。这些爆炸式增长的思想与信息之间相互交杂融合，又将诞生难以计数的相关言论，对政府、品牌、企业、组织等公关主体的应变能力与处理速度形成了新的挑战。秒速化下的信息传播和舆论扩散，让公关危机一触即发。同时，借助于 5G 网络，个体发声能够短时间得到扩散。群众的个人意识不断增强，个人也将成为社会关注的焦点，需要组织付出更多的精力成本。

危机事件爆发后，快速发酵的舆论对相关主体的应变速度、应变能力、策略质量都提出了更高的要求。简而言之便是在最短时间内给出最优解。在危机公关 5S 原则中，速度第一原则要求公关主体在危机发生后必须当机立断，快速反应，果断行动，当5G时代危机事件的发酵速度加快时，公关主体的应对速度也要随之加快。5G时代同时要求公关主体在面对危机公关事件时，给出的解决意见要更加周全。5G时代信息传播速度快，公关主体的解决策略一旦给出，受众接收信息的速度会加快，对此做出的判断与讨论都会呈现更快速的增长。危机解决策略稍有不慎，就容易对公关主体产生反向的二次伤害。

2. 5G空间延伸下的危机扩散

"万物互联"，即海量机器通信实现从生产到消费的全环节、从人到物的全场景覆盖。5G时代的物联网终端让媒体化、平台化概念得到了扩展，在这样的时代背景下，网民的互联网平台逐渐向物联网应用转移。与此相伴，舆论集散地开始向物联网迁移，传播媒介也将更加丰富，甚至于手表、眼镜、汽车都有可能成为公共关系传播的媒介。当危机事件发生，舆论引导空间将会出现新的空白点。一方面，面对新的管理阵地，公关主体需要在技术、策略等方面不断提升综合实力，形成新的应急预案与处理方案；另一方面，公关主体的策略范围将从互联网阵地不断扩散，新增的空白点将会耗费更多精力，管理策略难度加大。

3. 全方位应用下的安全隐患

5G网络在快速发展的同时，也面临着一定的安全隐患。首先，基于5G网络的新技术具有极强的共享性特点，数据库一旦被入侵，则将面临巨大的信息安全挑战；其次，随着5G网络对各领域的渗透，大规模虚假、反动信息形成，威胁到国家政治安全和社会稳定，同样会对公关发展，尤其是政府公关的发展，产生巨大的影响。

（四）5G 时代公共关系的发展机遇

1. 打造新技术支持下的透明化主体

著名传播学者麦克卢汉提出"媒介即人的延伸"，任何媒介都不外乎是人的感觉和感官的扩展或延伸：文字和印刷媒介是人的视觉能力的延伸，广播是人的听觉能力的延伸，电视则是人的视觉、听觉和触觉能力的综合延伸。随着信息技术的不断发展与 5G 时代的到来，媒介对人的延伸，不仅仅集中在物理层面，其正逐步发展到生理性的媒介和心理性的媒介范畴。5G 的出现，使得人体的各个部分以及物体上的部分感应元件，都可以在新技术的基础上相互连接，我们的心理、生理都可以通过技术直观地与外界产生接触并直接进行信息交换。

虚拟现实、增强现实在 2016 年昙花一现后，由于技术架构的基础性支撑不足，又重回寂寂无闻之态。随着 5G 的发展，高速率、低时延等技术必然使得虚拟现实、增强现实复苏崛起。这表明，基于虚拟技术设计出来的具有强大沉浸感的传播场景将成为可能，这些场景将吸引具有特定"趣缘"的人群在特定的场景中汇聚，形成新的价值平台。

2020 年，好莱坞制片人、广播记者尼尔·曼德推出了一款移动端增强现实破案游戏 *Crime Door*。该作品内含数百个真实案件元素，用户可以通过增强现实走入解剖室、案发现场等。当这样的技术被运用在危机事件中，公关主体可以通过搭载 5G 网络的新技术，在危机事件发生之时，生成更清晰、更生动甚至还原度更高的事件，用更加公开、透明的办法，减少不必要的矛盾与误会，及时遏制公关危机中舆论传播所带来的负面影响，最大限度地减少损失。这也就是危机公关 5S 原则中的真诚沟通原则，即公关主体应当尽快告知公众真相，把握信息发布的主动权，促进双方理解，消除公众的疑虑和不安。

2. 视频新赛道中的深入交流

随着 5G 的崛起，信息传输速度变快，高清视频可以实现秒速传输，短视频的缺陷部分会由中长视频来弥补。这并不是意味着短视频失去了地位，而是两者协同作用：短视频将发挥导视和橱窗作用，用户可以根据其内容决定是否与中长视频呈现的深层内容进行深度接触。总体而言，在 5G 的加持下，视频传播或将成为新的主流表达形式。在此情况下，培育新兴的视频人才，布局视频赛道，成为处理公关事件的综合能力之一。通过视频也可以更好地传达情感，更全面地表达事件原委，更精准地传达主体精神，有效化解公关危机。

3. 全时空下不断加速的响应机制

5G 将重构媒介生态，网络不再是选择性的、分离式的、粗线条的连接，而是社会万物之间的精细化互联互通。5G 的超高接入速率也使数字信息产品对真实世界的还原达到了极精细和极实时的级别，加上虚拟视像技术等丰富的呈现手段，使得物理世界与数字世界之间信息传输的失真误差减少，实现了内容产品的全方位呈现和多角度同步呈现。在 5G 的加持下，危机事件的处理可以更快速，策略速度、决策速度与传播速度都将得到大幅度提升，危机事件的发生—发酵—策略—到达用户或将在第一时间内完成，从而减少危机事件造成的损失与不良影响。

借助 5G 在移动网络方面的布局，公关主体可以更加快速、全面、客观、准确地掌握社会公众的相关信息，从而根据触达用户的特点形成更加智慧化的策略方法，以达到效果最优化。

（五）5G 时代公共关系的发展策略

1. 提高综合科技素质，培养实用型、创新型科技人才

目前，科技与新技术的发展正逐步深入各行各业，企业、政府、各界

组织也应该积极布局科技赛道，顺应时代发展趋势，与新技术进行不断的磨合，形成5G时代下的公关运作模式。一方面，要加强5G基础设施的建设和运用。例如，可以积极运用智能机器人、远程服务等基于5G的科技产品为社会公众提供服务。另一方面，要警惕竞争对手甚至不法分子利用5G诋毁公关主体的形象，及时做好形象维护工作。

积极发展5G领域相关人才，培养适合发展战略布局的新型高精尖人才。在中国，公共关系人才一直处于紧缺状态。5G对企业、政府、相关组织等的公共关系都提出了新的挑战，因此，培养新型公共关系人才已成为中国公共关系发展的迫切需要。此外，政府要制定政策，加强对原有公共关系人才的技术改造和能力提升。特别是要着重培养原有公共关系人才在5G环境中应对突发事件的危机公关能力，例如在一些直播、会议中的临场应变能力，以及在5G时代中对新型公共产品的适应能力。

2. 实现传统公关策略与新技术下的公关策略的有机结合

尽管5G有着无可比拟的优越性，但也并不代表传统的公关策略就失去了活力与效果。目前，除了互联网，电视、广播、报纸也是公共关系管理的有效手段。企业、政府、社会组织等公共关系主体要根据事物发展的特性与目标受众的特点，对传统传播手段进行整合。一方面，要继承和发扬优秀的方式方法；另一方面，也要摒弃不符合时代发展诉求的落后的方式方法。通过"扬"和"弃"，让组织内的公关策略手段紧跟时代潮流。"人工智能合成主播"就是一个典型的对传统公共关系方式方法加以改造的例子。新华社联合搜狗公司发布了全球第一个人工智能合成主播。人工智能合成主播受到了世界各国的广泛关注。据悉，人工智能合成主播能够将新闻文本转化为语言进行播报，在播报过程中面部动态和真人无异。借助于5G高速度、低时延的技术特性，布局前沿技术，整合传统公共关系方式方法，既能够提高公共关系传播速度，又能够提高公共关系传播的影响力。

3. 充分利用技术建立预警机制，提高决策能力

要充分借助 5G 减少人财物的损失。在危机尚未发生之前，应当利用 5G 建立预警机制，畅通各部门联动机制；在危机发生后，各部门要借助 5G 协调运作，把危机的灾害性降到最小。借助 5G 做好应急部署，减轻目标受众对公关主体的误会。善于借助 5G 网络及时发布信息，消除公众误解，维护自身形象，积极沟通，强化正面引导作用。除了常规的第一时间向公众公开信息，释疑解惑化解矛盾，消除影响，5G 时代下危机应对的另一个关键则是要保持积极沟通，强化正面引导作用。以企业为例，企业可以宣传企业的危机管理原则，为公众开辟监督通道，构建企业与公众间交流的桥梁。

二、大数据技术与公共关系

（一）大数据的定义及发展现状

学界和业界对于大数据并没有统一的定义，目前达成的基本共识是：它是一种海量的、形式多样化的非结构化数据，通常与数据分析与挖掘、数据仓库、商业智能以及云计算等诸多热点话题联系在一起。通俗来讲，互联网就像是一个模具，它印刻着我们每一个人在线上的生活形态，我们只要对一个人在移动端和 PC 端的数据进行打通串联，就可以还原出一个完整的人。如果从这个角度定义，大数据就是能够反映事物在互联网上的性质、形态以及相互关系的标识符号。

我们可以从两个维度对数据资源进行划分：第一个维度是按数据类型划分，即结构化数据和文本数据，结构化数据也就是我们在互联网上"点选滑扫碰"的行为记录数据，文本数据也就是"搜写评论"的语义数据；第二个维度是按数据资源所有方划分，第一类是指品牌主 CRM（客户关系管理系

统)、网站或 app 回传的数据,第二类是指广告公司或者公关公司在广告投放或通过网络爬虫技术采集的自有数据,第三类是指电信运营商、移动技术推送公司、网站平台、移动 app 应用平台的数据。

同以往的数据相比,大数据之"大",主要体现在以下四个方面:一是数据量大,大数据的起始计量单位至少是 P(1P 为 1000 个 T);二是大数据类型繁多,不仅仅局限于数字,还包括网络日志、地理位置、音视频等,多种类型的数据对数据的处理能力也提出了更高的要求;三是大体量的数据也意味着对数据进行快速有效提纯的难度增加,因此大数据呈现出价值密度低的特点;四是依托互联网和计算机快捷收集、处理数据,是大数据区别于传统数据最显著的特征。

现如今,大数据已成为政府网络公关不可或缺的重要支撑。虽然它作为信息时代的核心驱动力,能够帮助政府精准把握公众脉搏,了解舆情走向,但亦为政府网络公关带来了诸多考验。本书将以政府网络公关为例,阐述公共关系在大数据时代的机遇与挑战。

(二)公共关系在大数据时代的机遇

维克托·迈尔 - 舍恩伯格等在《大数据时代》里说:"世界的本质就是数据,大数据将开启一次重大的时代转型。大数据正在改变我们的生活以及理解世界的方式,成为新发明和新服务的源泉。"

随着经济全球化进程的快速发展,移动互联网传播渠道的不断拓展,国际视野之下的各行各业对大数据的运用与研究逐渐深入,其所具有的颠覆性潜能拓宽了资讯传播的范围,在短时间内丰富了社会资讯数据库的信息内容,深刻改变了当下的内容生产方式,为传媒与公关行业的发展提供了良好机遇。

1. 传播媒介多样快捷，拓展网络公关空间

大数据时代产生了更多的政府信息传播工具，如政府门户网站、政府电子邮箱、政务微博、官方微信公众号等，拓展了政府公关的空间，深化了公众与政府的互动。

大数据能够整合众多网络媒介中的数据资源，使信息获取更加快速、便捷，并且使信息处于全天候的更新状态。随着宽带、Wi-Fi 和移动设备的普及，人们可以不受时空限制地获取信息，可以借助搜索引擎准确定位，迅速查询所需信息。

2. 公众话语权增加，政府网络公关民主化

在传统的政府公关工作中，公众一般都是被动地接受政府所发布的信息的。在大数据时代下，只要公众会上网，无论何时何地，都可以借助电子邮件、微博、微信、政府门户网站等公关媒介，给政府工作提供相应的反馈或评价。这样，公众不仅拥有了一定的话语权，还实现了与政府的有效互动，拉近了彼此的距离，实现了政府网络公关的民主化。

3. 网络传播成本低，公关不受时空限制

大数据时代政府的网络公关需要大数据的驱动，需要政府利用信息处理技术进行政府公关工作，比如通过政府门户网站、政务微博、政民电子邮件等方式开展政府公关工作。政府的公关工作不再受时间、空间、地点的限制，且具有二次传播性，在最大限度节约政府公关成本的同时，还能取得更高的效益。

（三）公共关系在大数据时代的挑战

1. 传播机制呈单向形式，网络公关缺乏与公众的互动

在大数据时代下，政府的网络公关最应该采取的是双向对称模式，从而实现与公众的有效互动。但目前政府与公众缺乏互动及真诚的沟通。一

方面，公众的参与意识不强，网络中只有少部分公众会通过网络来关注政府的信息动态和行为动向；另一方面，政府在与公众互动方面存在一定问题。政务公开的根本目的是接受群众的监督和反馈，在一些地方却成为政府歌功颂德的工具，成为"面子工程"。而有些政府虽然强调政民互动，但是为了避免负面评论，竟关闭政务微博的评论功能，对一些热点问题选择视而不见或敷衍了事。如果政府不能利用好网络资源，收集民意，反映民情，就不能真正实现政民的良性互动。

2. 网络信息传播速度快，危机处理能力有待提高

在大数据时代中，危机传播具有公开性、突发性、快速性、紧急性等特点。所以网络公关必须做到迅速、准确，能够安抚公众。但是目前政府对于危机的处理还存在一定问题。一是不注重事前预防，忽视对网络舆情发展的科学预测，导致危机事件发生后才想法弥补。二是缺乏危机应对预案，危机发生后往往采取"不了解""不清楚"的回避姿态，甚至无法提供及时、准确的信息，不能因时因地有针对性地实施危机公关策略，导致公众的不满。三是对于危机事件的发布不够及时，不注重对公众的消极情绪进行及时疏导，这就为谣言滋生、自媒体传播、恐慌情绪蔓延提供了土壤，如 2011 年日本大地震后的抢盐风波让人记忆犹新。

3. 公关课程相对缺乏，未形成规范化体系

大数据时代的到来颠覆了传统的以政府为中心的公关模式，政府网络公关的参与主体更加广泛，大量的数据和信息成为政府网络公关的基础；政府工作人员作为政府网络公关的主体，在大数据时代下还存在一定的改进空间。首先，政府网络公关人员对大数据的认识存在偏差，导致大数据在政府网络公关中得不到重视，难以发挥其真正价值。其次，政府工作人员未完全树立网络公关意识。受传统政府公关的影响，一些政府公关人员没有掌握网络公关的特点及技巧，不能有效地处理网民的意见和诉求。最后，专门针对政府工作人员的网络公关培训课程相对缺乏，也没有形成规范化体系，所以政府工作人员只能在原有公关知识技能的基础上，进行一些传统化的公关工作。

（四）大数据时代公共关系的应对之策

1. 企业公众双向互动，提升危机公关亲和力

网络和传统媒介的最大不同在于，人们在网络中可随时随地地展开互动。低门槛和多样化的传播渠道为平等双向沟通架起桥梁，不断涌现的大量双向交往互动工具让公众由被动接收信息转为主动发布和传播信息，这有效地改善了传统环境中上情不能很好下达的局面。企业通过网络交流工具，在危机发生后第一时间将相关资讯和处理方法告知公众，及时收到公众反馈，明确公众和其他组织对企业和危机的意见看法，通过危机公关效果评估，更有针对性地采取危机公关措施，并在互动中加强与公众的情感联系。

2. 政府提升公信力，快速解决传播源头问题

无论在任何时期，提高网络舆情应对能力，提升政府公信力都是关键。这不仅可以降低网络谣言的影响力，还可以从根本上提高网络舆情治理成效。但提高政府公信力需要政府在整体工作中下功夫。首先，以建立人民满意的服务型政府为宗旨，优化政府职能，从根本上增强政府的权威性和影响力。其次，在舆情产生后：一方面，政府应尽快成立调查小组，迅速开展线上线下调查工作，找到网络舆情的传播源头，核实网络舆情涉及的信息状况，及时、持续、分阶段地向公众提供真实信息，包括事件的起因、概况、政府采取的举措和调查结果等信息；另一方面，及时正面回应舆情信息、表明态度、讲清事实，让公众感受到政府的真情实意，以及不纵容的

立场和诚心。最后，在网络舆情消退后，政府应当对网络舆情涉及的社会问题进行剖析，采取解决措施，并向公众反馈，这既有利于提高政府公信力，还有利于避免类似问题产生。

3. 高校优化课程体系，完善公关人才知识技能结构

面向未来，公关人才教育应完善课程体系，并确保课程体系能够满足公关人才知识技能结构更新完善的需要。首先，完善课程体系要让公关人才"有课上"。即高校要在现有课程体系的基础上，结合自身实际和未来社会需求，以必修课或选修课的形式增加提升数据素养、传授大数据理论知识与技术的课程。此外，积极探索并利用中国大学MOOC（慕课）、翻转课堂等新型线上教学资源平台补充相关课程，拓宽人才的知识面。其次，让公关人才"上好课"，增设课程不能贪多求全，要考虑到知识之间的逻辑关系和学习规律的影响，重视课程设置的层次性，由易到难、由浅入深呈阶梯状设计课程结构，同时也要保障课程教学内容的连贯性，以帮助他们形成对知识的全局性理解。

三、人工智能技术与公共关系

（一）人工智能的定义

人工智能即AI，是指研究、开发用于模拟、延伸和扩展人的智能的理论、方法、技术及应用系统的一门新的技术科学。人工智能是计算机科学的一个分支。人工智能不是人的智能，而是能像人那样思考，甚至有可能超过人的智能。人工智能研究的一个主要目标是使机器能够胜任一些通常需要人类才能完成的复杂工作。斯坦福大学的尼尔斯·尼尔森教授认为，人工智能是关于表示知识、怎样获取知识以及使用知识的学科。麻省理工学院的帕特里克·温斯顿认为，人工智能研究的内容是，如何通过对计算机的操作，使其能够做到原本只有人类才能做到的智能工作。

人工智能目前已进入人类日常生活领域的方方面面。如在市场营销领域中，可利用人工智能分析客户生命周期，在不同的时间段对客户施加强有针对性的营销手段，从而提高工作效益；在生态管理领域，可采用人工智能监测海洋中的重要塑料污染区域，将海洋生物与塑料区分开来；在交通工具方面，人工智能颠覆了传统驾驶方式，例如，北美已计划在2030年将飞行器或机器人等设备作为交通工具推广，Google、特斯拉、百度等一系列先锋企业已在无人驾驶方面取得显著进展，为出行行业带来了更多的可能性。

当然，随着人工智能的深入发展，公共关系领域也或多或少受到了一定的影响。本书将公共关系情境中的人工智能定义为：独立或与公共关系从业者一起，在开展公共关系活动时所形成的人形认知技术或人形认知功能。公共关系中的人工智能是一种综合性的智能，可以整合人类无法全部掌握的综合信息，这种高效协调将在公共关系管理中发挥重要的作用。

（二）人工智能的特点

1. 智能化

人工智能是在了解人类思想和行为方式的基础上，通过生产与人类智能接近或者相似的智能机器人来替代人工，从事相关领域的工作。

2021年4月26日，百度携手中国火星探测工程发布了全球首辆火星车数字人"祝融号"。这一创举基于百度多年的数字技术积累，百度通过其智能云所设计的轻量深度神经网络模型，以及国内首创的高精度4D扫描口型预测技术等前沿科技，成功打造了这一人工智能数字人。作为人工智能应用的杰出代表，祝融号在口型、动作、表情等细微之处，均展现出了接近99%的准确率。展望未来，祝融号还将被广泛运用于知识科普、虚拟主持等多个领域，为公众带来更为丰富多样的体验。

2. 工具化

人工智能应用的出发点和落脚点在于替代人的行为，或者弥补人的行为缺陷，是人实现预定目标的工具和方法。《纽约时报》曾借助人工智能加强语义辨识与评论区管理，一方面通过分类检索简化了记者的工作流程，另一方面帮助读者快速识别有害评论与有启发性的评论。2018年两会前夕，新华社"媒体大脑"从5亿张网页中梳理出两会舆情热词，生产出首条关于两会内容的MGC（机器生产内容）视频新闻——《2018两会MGC舆情热点》。在人工智能的帮助下，这条视频新闻着眼于网民关心的两会议题，从受众的"注意点"来寻求新闻信息的"价值点"，改变了传统单一的信息来源，拓展了新闻价值，使得报道更加精准。

3. 科学化

人工智能的目标需要通过机器人、语言识别、图像识别、自然语言处理等科学技术和方法来实现。自马云在2018年全球智慧物流峰会上宣布将实行"斥资千亿元，打造国家智能物流骨干网"的宏伟计划以来，菜鸟网络肩负起牵头重任，致力于构建智能物流骨干网，成为物流领域的"智慧中枢"。借助物联网、人工智能、边缘计算等尖端技术，菜鸟网络与各方合作伙伴紧密合作，实现了物流多个环节的全面数字化和智能化，科技成为推动物流网络建设加速前进的强劲引擎。值得一提的是，位于无锡高新区空港经济开发区的中国首个物联网未来园区已经正式投入使用，园区内700台机器人高效运转，使得该园区成为中国目前规模最大的机器人智能仓库，彰显了科技在物流领域的卓越贡献。

（三）人工智能兴起的原因

1. 政府政策支持，打造数字经济新优势

2019年1月25日，习近平总书记在人民网播控中心发表讲话："要探索

将人工智能运用在新闻采集、生产、分发、接收、反馈中,全面提高舆论引导能力。"[1] 李克强总理在2020年《政府工作报告中》提出:"推进智能制造,培育新兴产业集群……全面推进'互联网+',打造数字经济新优势。"[2] 这反映出人工智能不仅在未来的新闻传播领域中占据重要地位,同时也在中国现阶段发展的新兴科技产业中占据重要地位。

政府政策在驱动中国人工智能发展方面的作用是显著的,但常常被人误解。政府常常对优势企业进行补贴,或者发布命令规定应当发展的技术。如果人工智能对经济的影响远小于当前预期,那么投入人工智能的资源可能是一种浪费。另外,由于许多人工智能应用都已经成熟,选择哪些进行支持对公共部门来说亦是一个问题。

2. 数据资源庞大,支撑人工智能运行

互联网生成、积累了海量大数据,各机构内部网络同时也形成了更精准的小数据,这些数据为人工智能的发展提供了丰富的资源。随着人工智能进入应用时代,数据的应用量得到了大幅提升。数据可以被视为支撑人工智能运行的原材料。总的来说,一个由合格的普通研究人员设计的、以大量训练数据为基础的算法,将胜过一个由最优秀的人工智能科学家设计的但用较少数据进行训练的算法。

3. 商业应用变多,助推重视合格工程师的数量

在发明的年代,一个国家在人工智能领域的实力主要取决于少数精英研究人员的质量。最优秀的学术人才能够将知识的边界向外拓展。但是随着人工智能的重心从实验室里的研究转变为商业应用,它带来了一个类似

---

[1] 人民日报. 习近平:推动媒体融合向纵深发展 巩固全党全国人民共同思想基础[N]. 人民日报, 2019-1-26.
[2] 李克强. 2020年政府工作报告[R/OL].(2020-5-22)[2024-9-25]. https://www.gov.cn/guowuyuan/2020zfgzbg.htm.

的转变，从重视精英研究人员的质量转向重视合格工程师的数量——这些人能够将突破性的进展应用于数百个不同的行业。

（四）公共关系在人工智能时代的机遇

1. 危机传播：提高危机公关速度

随着人工智能进入公共关系领域，公共关系的升级可体现在危机预警管理、危机管理策略框架及危机演练之中。比如在危机预警方面，政府可以通过监控社交媒体来预测媒体的报道趋势，判断是否影响社会情绪，从而及时进行危机公关。公共关系从业人员还可以广泛使用基于人工智能的工具，如 BuzzSumo、Trendkite 和 Hootsuite 等，进行社交媒体分析，从而提前进行危机预警，提高危机公关的质量与速度。

2. 品牌管理：优化品牌价值评估

人工智能为品牌价值评估带来了显著优势。如今，众多企业正积极把握人工智能带来的变革机遇，利用大数据和人工智能，迅速且全面地获取互联网中的用户信息。它们对每位消费者、每个产品乃至每次营销活动都进行了细致的数据分析管理，从而深入洞察品牌塑造过程中的风控、营销、公关、市场等关键环节。通过技术创新，企业不仅优化了品牌价值评估，更提升了品牌的核心价值。

3. 充当组织顾问：提升公关工作效率

随着科技的日新月异，人工智能在组织中的应用为人际关系协作和组织内部运作带来了诸多益处。展望未来，人工智能有望在公共关系领域扮演组织顾问的角色，为公共关系从业者提供模拟工作场景、准备媒体会议、策划头脑风暴或辩论活动等强有力的支持。随着技术不断模拟人类智能，人工智能不仅能提升员工在工作场所内外的生产力，还能助力创意会议的开展，使会议成为公关从业者获取宝贵知识和经验的平台。此外，人工智能还可以作为决策工具，通过算法分析和关键因素识别，对公关从业者的判断、经验和直觉进行补充，提供更为理性的见解，从而进一步提高工作效率。因此，在由人工智能驱动的未来，每个组织都应深刻认识到人工智能在组织工作机制变革中的核心驱动作用，并积极拥抱这一变革。

4. 协助公关教学：优化课堂听课感知

人工智能也可以在公共关系教学中发挥重要作用，人工智能已经被有效地用于帮助教师完成相对简单的任务，包括回答基本问题、跟踪个性化案例、进行学习效果评估等。它还可以帮助教师在基础教学过程中更专注于软技能（如社会职能、适应力、性格和谈判技巧等）。这种软技能也是一种公共关系技能，并被认为是事业成功的基本要素之一。

5. 情绪人工智能：调节个人情绪

人工智能还可以帮助公共关系从业者在工作时处理个人的情绪。情绪智力被认为是媒体技术因解释情绪、情感、意图等能力的逐渐提高而产生的"情绪人工智能"，这是一种颇具同理心的技术形式。这种情绪人工智能适用于许多方面，包括改善服务、增强健康、开发新的娱乐形式和管理工作场所，所有这些功能都依赖于情绪的捕捉。

6. 虚拟现实：增强双方信任

以虚拟现实和增强现实为例，这种高科技技术集合了人工智能、人机交互、计算机图形学、网络并行处理、传感和集成技术等多个领域的前沿科技，通过模拟生成高度逼真的现实三维场景，让受众以第一视角进行沉浸式体验。我们通过触觉、嗅觉、听觉将使用者"映射"入该虚拟场景，以第一人称"我"的视角代替传统视窗人机界面第三人称的旁观者视角来感知世界。这大大地增强了参与者的互动体验感。互动体验感的强弱将决定信任度的高低，信任度是影响现代公共关系质量的关键。在当今技术革命大潮趋势下，新媒体公共关系对技术的依赖不可避免，而且这种依赖将越来越深。

（五）公共关系在人工智能时代面临的挑战

对公共关系来说，虽然人工智能能带来许多机遇，但任何技术都是一把双刃剑，挑战依然是存在的。

1. 人工智能写作日趋成熟，传统文案创作被边缘化

尽管机器人写作等技术在某种程度上解放了新闻工作者，且在一个时期内无法取代人的位置，但是我们也应该意识到，新闻工作者的确开始产生岗位被替代的危机感了。初级工作的被替代就意味着新闻工作者需要在高级工作上投入更多，其能动性和新闻专业素养就显得无比重要。一旦新闻工作者自身能力跟不上技术发展的脚步，专业角色特征不明显，就很可能被取而代之。因此，在未来的新闻业格局中，新闻媒体从业者的岗位退场危机是不可忽视的。例如，腾讯财经曾在企鹅号平台创建了一个名为"AI财经社"的账号，AI财经社每日推送由人工智能撰写的文章。

当然，人工智能的兴起不仅引发了人们对潜在失业可能的担忧，也引发了人们对道德问题的恐惧。但是目前的情况是，人工智能在未来10年只能完全消除极少的职业，在更大程度上它只是或多或少地影响几乎所有工作的某一部分，具体影响程度取决于该工作的类型。

从另一个角度来看，人工智能的深入应用和发展也会影响人们对职业的选择，人们开始倾向于选择不那么容易被替代的职业，对职业要求的提高也会促使人们不断地学习、不断地思考。随着人工智能与人类社会各个领域的深入融合，许多工作在未来将不可避免地消亡；而那些能彰显人类自身优势的，表现人们的个性、态度、思想，甚至是服务类工作，都将被很好地保留下来。总而言之，公共关系从业者不太可能直接与机器人互动，也不太可能被机器人所取代。2018年的一份报告表明，只有少数公共关系任务易受自动化影响。

2. 技术理性凌驾价值感性，公关桥梁面临坍塌风险

公共关系依赖于通过彼此之间良好的互动建立组织与利益相关者之间的联系，如果频繁采用人工智能来传递信息，那么可能会降低联系的紧密性。

在传统的新闻生产中，新闻媒体内部工作者作为把关人，有较强的专业素养和一定的价值取向判断，其专业性和社会责任意识突出。而算法推送机制的应用，使得把关人的角色发生了变化——技术把关、机器把关作用突出。以个性偏向和用户喜好为依据的技术把关不仅会造成信息茧房下个人对新闻价值感知的退化，同时算法黑箱的存在也可能以一种更隐蔽的方式带来偏见与歧视，从而导致真实世界的呈现受阻，使新闻价值被湮没。

3. 互联网技术更新迭代，学科理论面临范式危机

在新媒体兴起的时代，受技术变革的冲击和影响，现代公共关系正面临本学科理论的范式危机。我们要从技术哲学思维路径出发，突破公共关系学原有理论框架的束缚，多维度地思考公共关系学的未来发展，助力研究者的视角拓展和理论创新。

自进入新媒体时代后，国内的公共关系学者多从实践视角审视在公共关系领域如何使用新媒体，开始进行基于观念认同差异、身份构建难易的，以信任关系为核心指向的关系治理研究，从功能视角维度出发，将研究视角拓展到不同行业领域，并进行大量实证研究。但层出不穷的革命性技术，尤其是能够与新媒体及新闻传播行业深度融合的人工智能、5G、虚拟现实、增强现实等对现代公共关系领域已有的研究理论提出了挑战。

4. 人工智能加速隐私泄露，数据安全面临严峻威胁

人工智能的迅猛进步，无疑预示着"个人头条时代"的来临。在这一时代背景下，公关主体通过深入的数据挖掘和精准的算法推荐技术，能够细致描绘出公关行为对象的画像，进而根据他们的个性化需求提供精准的内容推荐，从而显著提升公关效果。然而，这种技术的进步，离不开海量数据的支撑。

为了实现对用户需求的精准把握，必须深入挖掘、广泛收集并深入分析大量用户信息。但这一过程不可避免地引发了一系列隐私泄露和数据安全的问题。在这个大数据的世界里，摄像头遍布生活的每个角落，用户仿佛在互联网上"裸奔"，个人信息、上网行为等都被实时监控与记录。在很多时候，用户在不知不觉中就向运营商、服务提供商提供了大量的数据信息。

更为严重的是，这些数据往往以各种方式被各个组织标记，甚至可能被不法分子窃取并转卖，给个人隐私权带来了严重威胁。因此，在享受人工智能带来的便利和效率的同时，我们也必须高度重视和警惕隐私泄露和数据安全问题，加强相关法律法规的制定和执行，确保个人数据的合法使用和保护。

（六）人工智能时代公共关系的应对之策

1. 造流策略：运用人工智能，建立舆论智能传播流

运用人工智能，在舆论传播的智能感知、智能推理、智能学习、智能行动等应用领域，积极寻找动机维、目标维、内容维的传播规律，通过挖掘战略性舆论话题 vs 日常性舆论话题、强关系话题 vs 弱关系话题、情感话题 vs 文化话题 vs 价值观话题，寻找促使舆论扩散流变的"舆论粒子"。通过智能算法与推荐，引导舆论流向和流量，促使正能量"舆论波"产生，最终

形成跨越时空的为我所用的"舆论场"。从 H&M 与新疆棉花事件、老坛酸菜与白象方便面事件中我们可以看到，当一个企业发生危机事件时，其部分竞品可通过舆论造流的方式引起公众的关注，并适当发布迎合社会情绪和价值观念的内容来博取公众的好感，从而提升企业形象，扩大潜在消费者数量。如，在新浪微博评论区和实时广场中常见的"李宁、鸿星尔克采用的是新疆棉花""白象的企业员工有一半是社会残疾人士"等诸如此类"舆论粒子"，能够在一定程度上将公众对某个企业的愤怒值转化为对另一个企业的好感度。

2. 占位策略：运用区块链技术，建立舆论区块链生态位

舆论区块链作为一种"区块链+媒体"的应用创新形式，可以在一个缺乏信任的匿名化网络世界里，构建一个具有公信力的文化思想传输系统，而这正是我们想在舆论世界里抢占的最理想生态位。建立舆论区块链生态位，主要可以从舆论信源认证、谣言自净平台建设、知识产权的 IP 化运营、泛内容生产平台建设、媒体融合区块链打造、区块链智慧社区建立、舆论公信力评估等多方面展开，为媒体融合开辟全新路径。区块链技术是我们逃离后真相时代，回归真实社会的途径。

3. 织网策略：通过跨媒体叙事，建立创新型舆论传播方法体系

现在是酒香也怕巷子深的年代，好的产品，还需要配合好的推广。做推广也不能再仅仅依靠广告传播，而是要策划最适合产品的公共关系传播活动。

所谓跨媒体叙事，是指利用电影电视、漫画小说、游戏等多媒体平台传播故事并吸引公众积极参与到故事情节的接受、改编和传播过程中去的叙事策略。跨媒体叙事在遵循主题一致性、媒介多样性、内容互动性、受众互动性的基本原则的基础上，在统一的故事世界里，拥有多元化的故事情节、多元化的传播载体、多元化的叙事主体、多元化的叙事方式和多元化的公众接受与参与方式。比如，在漫威故事世界的宇宙观的指导下，好莱坞和全球影迷们共同创造和制作出电影、动画短片、漫画、游戏、玩具等一系列多模态产品，使漫威系列作品具有经久不衰的国际影响力和文化吸引力。

跨媒体叙事公式为：元故事＋多媒体平台＋互动性叙事＋互动式参与＋沉浸式体验。建立创新型舆论传播方法体系，要借鉴世界流行文化的生产和营销方法，在习近平新时代中国特色社会主义思想的指引之下，聚焦国际共享性价值观，营造自由宽松的创作氛围，激发全球华人的文化自信和叙事热情，创作出经典永流传的文化作品，提升中国国际话语权和文化软实力，提升中国新闻舆论传播力、引导力、影响力和公信力。

4. 智库策略：加快专业人才培养，建设专业团队

当前社会对于全能型人才的需求日益增加，尤其在新闻传播领域与公共关系领域，既需要公关型专业人才，也需要同时掌握人工智能的全能型人才。由于人才的培育与发展受到多方因素的影响和制约，因此在人才教育的大学阶段，公共关系专业应适当加强计算机专业课程建设，将计算机技术融入公共关系领域，培养复合型人才，在未来打造一支公关＋人工智能的专业型团队。同样，业界也应调整人力资源策略，加强对数据挖掘人才的培养和挖掘。

四、元宇宙技术与公共关系

1992年，尼尔·史蒂芬森在科幻小说《雪崩》中提出了metaverse（元宇宙，汉译本译为"超元域"）和化身（avatar）这两个概念。书中情节发生在一个现实人类通过虚拟现实设备与虚拟人共同生活在一个虚拟空间的未来设定中，那便是元宇宙最早的模样。现如今，各个企业纷纷布局元宇宙赛道，元宇宙概念再次迎来热潮，对各行各业都潜移默化地产生了影响。公共关系的发展，也随之不断演变。

（一）元宇宙的定义与特点

1. 元宇宙的定义

对于什么是元宇宙，目前还没有一个特别权威的定义。类比来看，我们平时所说的"元媒介"，就是"媒介的媒介"，这里的"元"是之上、之后或者超出的意思。当某个媒介承载或传输的不是原初的符号文本，而是另一种媒介或已被其他媒介所媒介化的文本时，这种媒介就是"元媒介"。比如，我们现在通过手机听到的音乐，是音乐在录音室里被录制下来以后，通过数字化技术传到互联网上，再被我们用手机听到的。由此，手机就成了新的元媒介。

基于这些解释，维基百科将元宇宙定义为：元宇宙是一个集体虚拟共享空间，由虚拟增强的物理现实和物理持久的虚拟空间融合创造，包括所有虚拟世界、增强现实和互联网的总和。

清华大学新媒体研究中心也在2021年9月发布了《元宇宙发展研究报告》，该报告指出：元宇宙是整合多种新技术产生的新型虚实相融的互联网应用和社会形态，它基于扩展现实技术提供沉浸式体验，基于数字孪生技术生成现实世界的镜像，基于区块链技术搭建经济体系，使虚拟世界与现实世界在经济系统、社交系统、身份系统上密切融合，并且允许每个用户进行内容生产和世界编辑。

再简单点说，有一个基于现实世界的虚拟世界，这个世界像现实世界一样，能构建出各种在现实世界所能体验的场景，任何人都能参与其中，扮演不同角色。而元宇宙就是这个虚拟世界和现实世界相交融的综合体，它形成虚实融合的庞大的经济和社会体系。同时，线上的一切活动都是具有现实意义，能够推动现实发展的。而且，在元宇宙中所发生的一切都能持续进行。

我们可以对未来元宇宙场景进行一个简单的设想，那就是我们可以通过一定的技术支持，比如穿戴一定的传感设备，包括现有的一些虚拟现实、增强现实设备，把我们投射到一个既定的虚拟环境里，让我们可以随时随地去完成一些特定场景下的操作，比如居家时也可以在虚拟会议室里开会、工作，在服装店里购物，等等。通过传感技术的支持，用户可以足不出户地完成一些之前只有在线下才能完成的事情。拿购物来举个例子，我们可以设想我们在家里通过技术支持，在元宇宙的立体世界里去到一家真正在经营的服装店，我们可以摸到衣服的材质、面料，进行一个更加真实的购物选择，下单之后可享受线下送货服务。简单来说就是把我们现在平面的淘宝购物变成了立体的沉浸式的淘宝购物。而这种未来发展场景所需要的是经济系统、技术系统、网络系统等多方位的全面支持。

2. 元宇宙的特点

元宇宙的特点与必备要素，具体可以分为以下几点。

第一，身份，也就是我们在元宇宙创造出的个人的数字化身份，我们要对自己的身份负责；

第二，朋友，指的是具有现实感的真人社交关系；

第三，沉浸感、低时延，也就是通过各种传感技术手段等，创造出一种极致真实的现场体验感；

第四，多元化、随地，也就是我们可以尽可能减少限制地随时随地进入元宇宙系统，并且能在其中体验生活，享用海量内容；

第五，经济系统和文明，即在有序秩序下开展的有序文化活动和经济活动，所有人都可以创造价值、追求价值实现的可持续。

（二）元宇宙的发展现状

目前，全球多家企业已在元宇宙赛道进行了规划与布局。2021年，Facebook宣布将成立元宇宙团队，并在5年内转型成为元宇宙公司，而其早在2014年就以20亿美元高价收购虚拟现实公司Oculus。Facebook还在2021年上线了协作办公平台Horizon Workrooms。在平台中，用户通过可穿戴设备可以将自身传入虚拟会议室，再通过辅助的一些电子笔等设备，可以实现在不同办公环境中的协作工作。这样的操作模式，也能让我们看到元宇宙发展的部分雏形。

被称为元宇宙第一股的Roblox，发布了一个以用户为中心的UGC游戏平台，全球玩家都可以参与其中，其内的游戏均为用户自己搭建，且都是3D立体的沉浸式游戏，很多操作界面类似于早些年流行的《穿越火线》。其2021年3月在纽交所上市以后，便掀起了元宇宙热潮。

就国内来说，字节跳动投资的公司代码乾坤发行了概念与Roblox的UGC游戏平台相似的游戏《重启世界》，并在2021年8月并购了PICO VR；腾讯注册了王者元宇宙和天美元宇宙，并在多个领域进行了相关布局。可以说，元宇宙是目前各大企业都比较关注的一个布局点，并且各个企业也都展开了一定的动作，产出了一些作品成果。因此2021年，也被称为元宇宙的发展元年。

（三）元宇宙发展的可能性

1. 技术发展亟待突破

一是很多技术发展到了现阶段需要一个新的出口，很多技术也在渴望有更多产品和空间来提高发展活力，实现质的突变。现在我们比较熟知的虚拟现实、增强现实、人工智能、物联网、区块链、5G等技术，在前几年都是非常火爆的，但是发展到一定阶段后，都或多或少遭遇了产业化瓶颈。

同时，各企业虽然都有一定的技术积累，但比来比去并没有实现行业整体的质量上的提升，能够提升普及率的配套产品比较少，在现实应用方面也不太强，无法形成规模化商业效应。而元宇宙可能是目前唯一能把这些技术融合在一起的概念，能够为这些技术提供更广阔的施展空间。

2. 群众生活面临新挑战

随着发展，元宇宙一定会从现有的游戏范畴扩展到更加贴近生活的方面，比如我们日后或可进行足不出户的元宇宙中的旅游以及虚拟问诊等。而且发展到最后，元宇宙的涉及领域一定更趋向于产业化发展，比如教育行业、设计行业等。总结来说，在碎片化的移动互联网时代，用户更加需要的是以人为中心、以场景为单位的更及时、更精准的连接体验。通俗来讲，互联网要开始满足每个用户在不同场景下的个性化的需求，在随时随地进行任何的信息交流的基础上，进一步实现在任何场景下做事的愿景。最终而言，其实都落脚在两个地方——体验的提升，以及个人效率和社会效率的提升。

3. 资本期待解放

元宇宙的发展，随之而来的是资本会拥有更广阔的施展领域，元宇宙涉及的领域是多方面的，许多行业或会迎来新的发展机会，比如虚拟演出、线上教育、虚拟办公、沉浸购物、智慧医疗等都是商业机会，极具商业潜力。

（四）元宇宙中公共关系的发展机遇

1. 时空突破

一方面，元宇宙为公共关系的决策提供的是更强的人工智能辅助能力与多维时空信息编辑能力。人工智能相对于人工，具有低成本重复操作的能力。依靠元宇宙内强大的数据资源库，结合人工智能等相关技术，组织可实现危机事件的自动化预先操作。其可以打破规则限制，快速高效地生成多组策略结果。另一方面，根据元宇宙的特点，用户可以随时随地通过各种技术瞬时完成虚拟与现实的连接融合。依靠元宇宙的基础设施与高速移动网络的低时延，危机公关事件发生后主体策略与目标受众端到端的实时性传输或将实现。危机事件发生后，组织可通过元宇宙第一时间实施危机应对策略，针对不同用户的不同策略甚至可在分秒间突破空间限制，借助各种终端，精准而快速地传达至用户，从而最大限度地抑制危机事件的发酵，促进危机事件的有效解决。

2. 沉浸式的用户体验

可以预见，元宇宙必然是生动鲜活的，未来媒介传播必然是具身沉浸的。目前，互联网提供的社会交互手段仍然不够直观——从 1G 到 4G 时代，内容的表达方式虽不断丰富，但就交互体验而言，无论是图像还是视频，对屏幕另一端的人们而言，依然是二维的存在，无法真正跨越空间的距离，在场感依然无法与前技术时代的面对面交流相提并论。更进一步说，就场景传播而言，目前的技术发展还处于构建"场"的阶段——解决不同情境下的个性化、精准信息和服务的适配问题，但下一阶段——"景"的完善（提升"景观化"呈现和沉浸式体验）才刚刚开启。从这一角度看，未来媒介传播的关键着力点便是交互方式的换轨升级，交互技术是构建元宇宙的重要支撑性要素之一。这样就能够理解 Facebook 创始人兼首席执行官马克·扎克伯格为何将元宇宙解释为一个具身性的互联网，并强调用户不再浏览内容，而是处在内容之中。在元宇宙中，用户可突破空间限制去对远程环境进行可感、可触的沉浸式体验，甚至可以突破时间限制，实现反向时间的沉浸式真实体验。这在公共关系中，为品牌形象、企业形象、组织形象的塑造，危机事件的快速解决，都提供了更加全方位的策略办法。例如，当品牌产品的相关安全或质量出现问题、被质疑时，通过元宇宙，企业可以引导消费者足不出户对产品质量与生产流程进行检验。在元宇宙中，消费者可以直接进行产品的细致化感受，生产流程的现场勘测，等等，品牌的产品危机也就不攻自破了。扩展现实是对现有场景的突破与提升，打破了传统意义上虚拟与现实的对立，旨在达到二者的无缝连接和无边界交融，从而真正实现场景升维。

（五）元宇宙中公共关系的发展挑战

从元宇宙第一股 Roblox 的 UGC 游戏平台的运行机制来看，对元宇宙的初期探索遵循着用户参与的原则：其中的大部分内容是由业余游戏创建者创建的，用户可以通过 Roblox Studio 自主创作游戏，然后邀请其他玩家参与。而主体性的继续强化，正是未来元宇宙发展的一大特点，即参与社会传播互动的选择权继续向个体回归，个体拥有更多的自主性——可一如既往地自主选择接收的信息，享受个性化的内容与服务；更重要的是，借助扩展现实的手段，人们进行内容生产的自由度将大大增强。更准确地说，从内容生产到场景构建，即个体进行社会传播交往的场景将在很大程度上由个体自己把控。换言之，不同于以往在社会性传播中个人始终处于客场的位置，扩展现实的新场景将是个人的主场。在这个意义上，未来传播的绝对主角是被再次深度赋权的社会个体。如此一来，个体均能成为独立的传播基站，每一个人都可以成为内容的生产者与传播者，这使得危机事件的曝光可能性与曝光速度都在不断增长，舆论讨论将变得更加复杂。此外，在危机公关事件发生时，个体的意识逐渐强大，个性化增强，公关主体打动个体的难度增强，个体呼声更加需要得到关注，这也给危机公关的化解带来了不小的挑战。

（六）面对元宇宙，公共关系的发展思考

首先，要看到元宇宙的发展还需要很多时间，中间涉及心理健康、法律伦理、技术压力、舆论危机等多个方面的问题，这也增强了发展的复杂性。

其次，元宇宙现在涉及商业领域的各个方面，这就让很多企业动起了蹭热度的念头，资本市场也显得不那么冷静，比如中青宝推出了一款名叫"酿酒大师"的游戏，因为标签是元宇宙游戏，所以中青宝股价上涨得非常厉害，即使中青宝说目前运行尚不成熟，存在的不确定性较强，但该游戏依然热度不减。可见元宇宙是目前一个非常容易带来利益的话题，所以要谨防过热投资行为。

再次，我们也需要认可它的可能性。一方面，网络技术的发展与新技术的不断涌现，为元宇宙的发展提供了强有力的技术保证。另一方面，从理论角度来讲，媒介技术的发展一直是一个对感官不断延伸的过程。"从本质上说，任何一种媒介技术都是对人的社会关系与关联的一种形式构造，人的任何社会关系的发生、维系与发展都依赖于作为中介纽带的媒介。""由于信息技术的革命，传播媒介的迭代也在以一种更高、更快、更强、更聚合的方式进行。"元宇宙的发展激发了我们对于现实社会以及经济发展形态的反思与展望。如果真的有元宇宙，那在未来它绝不仅仅是一个让用户获得更好的娱乐和人生体验的地方，它同时也一定是一个创造价值、实现价值和分享价值的平台，它将推动社会的不断进化，赋予经济发展新的活力。

无论元宇宙还有多远，人是媒介的尺度，人是媒介演进中不变的中心点。"任何的新媒介的产生都是一个进化的过程，一个生物裂变的过程，它为人类打开了通向新型感知和活动领域的大门。"即媒介进化的意义是使人

们能够探索更多的实践空间，能拥有更多的资源和更多的领地，去展示人们的个性以及生活的样态，实现人们的价值。而对于企业、政府、社会组织等传播主体来说，数字化、网络化、智能化、虚拟化技术革命的发展，其底层逻辑正是为每个在传统社会的普通人赋能赋权，并强化人的主体地位——使人的意志与情感及其关系成为一种重要的线上力量的源泉，使人的社会资源的调动禀赋不断增强，社会实践的半径不断扩大。以人为本，既是未来传播的核心逻辑，也是判别传播领域未来发展是否有价值、能否健康可持续的价值准则。因此，元宇宙与未来的传播媒介要始终以人为基础，让技术能更好地服务于人的需要，以人本思维引导未来传播。

第六章

政府危机传播、管理与城市形象

CHAPTER 6

城市形象蕴含着城市的物质财富和精神财富，它不仅仅是城市的宣传名片，还是城市人文精神的体现。随着5G、大数据、人工智能等技术的快速发展，社会对城市发展提出了新的要求。在信息快速传播的当代，城市形象建设已经成为各地吸引游客、发展经济、对标实力的重要手段。城市的高水平规划、管理和服务等能够不断推动公众的自发传播，同时也能够为城市形象塑造产生有效沉淀。此外，良好的城市形象能为城市带来资金、人才和政策等多方面的支持，这种可持续的良性循环也恰好符合当前中国构建智慧城市的发展趋势。

同时，在物质需求越来越容易得到满足的当下，公众对于精神层面的价值需求越来越强烈。良好的城市形象往往能够给予居民强烈的归属感，增强居民的认同感和凝聚力。那么，如何构建城市形象，又如何在突发事件中塑造并维系城市形象，将是本章研究和探讨的重点。

一、理论概述

城市危机公关指的是："政府组织及相关部门对威胁国家社会利益、公共安全、人民生命财产的潜在性或已爆发的公共危机事件采取一系列系统性、持续性、战略性的公关措施，以消除危机带来的不良影响，维护社会正常秩序，消除负面信息，维护政府良好形象。"城市危机公关也指政府在危机发生前监测、预防，发生时处理，以及发生之后评估的整个过程。

2000年前，就中国政府的城市危机公关来说，虽有个别学者在理论上进行研究，但整体研究仍处于一个缺少实践经验的状态，直到2003年"非典"时期，才迎来了质的飞跃。当时，全国乃至全世界都经历了一场严峻的考验。"非典"过后，某些领域的竞争格局发生了重大变革，推动了中国城市政府公共关系重大发展。2008年《中华人民共和国突发事件应对法》出台，有关部门围绕中国突发公共事件应急法律建设的理论与实践问题，系统研究了中国政府危机管理和应急法治建设的现状、存在的问题与改进的对策，并且通过案例研究的方法，揭示了加强政府危机管理和应急法治建设的重要性和紧迫性，为应对突发公共事件提供了法律保障。

总的来说，中国城市政府公共关系发展相较于西方起步更晚，实践经验也处于积累阶段，再加上当下互联网技术发展迅猛，新媒体平台日渐成熟，网上群体所产生的舆论更为复杂和难以追踪，这对城市公关的要求更为严苛。因此，构建良性的政府公共关系可以回归理论，从理论中探索危机化解和舆论治理的方法。

（一）公众攻略 4S 原则

公众攻略 4S 原则由关键点传媒集团董事长游昌乔提出。社会大众作为外部公众，是主体经营活动的现有或潜在的对象，政府要注意争取社会大众的理解支持与信任，防止社会信任的丧失。其主要内容是：sorry（公众不仅关注事实真相，在某种意义上更关注当事人对事件所采取的态度）、shut up（务必闭嘴）、show（务必重视与公众的沟通）、satisfy（让公众满意）。

在危机发生后，社会大众不仅会关注事实真相，而且在某种程度上会更关注危机主体对此次危机的处理态度。政府或相关职能部门以最快的速度切入危机事件，了解情况，积极查明事实真相，坦诚回应公众，将能够在极大程度上弱化舆论，缓解矛盾。在危机事件中，尽可能地站在受害者立场，倾听他们的意见并给予安慰，诚挚履行政府职能部门的社会责任，注重与公众的有效沟通，以及与各新闻媒体的良好合作关系，不要尝试隐瞒，保持真诚，公布真相。最后，为人民服务，以公众为中心，在危机处理的方式上要照顾公众利益，从公众的角度出发。

（二）城市形象识别系统

美国学者 H. L. 加汉姆在 *Maintaining the Spirit of Place:A Process for the Preservation of Town Character* 一书中提出了城市识别的要素构成，包括城市形体环境特征和面貌，城市中客观的活动和集会活动，含义或象征。这三种描述意义与企业形象意义中的理念识别系统、行为识别系统和视觉识别系统有异曲同工之妙。将企业识别系统运用至城市形象方面可以得到城市理念识别系统、城市行为识别系统和城市视觉识别系统。理念识别指的是城市的发展理念、发展规划、价值观、个性等精神要素，城市理念识别系统是整个识别系统的核心。行为识别指的是动态的活动，包括城市内部的组织、管理以及与外部社会的互通等一切活动。视觉识别是静态的识别符号，包括城市的市名、市徽、市旗、专用标准字体、标准色以及这些元素在城市基础设施、建筑、地理环境、相关物品、宣传等方面的应用。城市通过对理念、行为和视觉三个部分的规划，构建起自身整体形象。

（三）ESG 理论

ESG，即 environment（环境）、social（社会）和 governance（治理）三个英文单词首字母缩写的合称。环境维度包括气候变化、自然资源、生物多样性、碳排放强度、环境治理体系等。社会维度包括社会责任、社会影响、人力资本健康和安全等。治理维度包括内部治理、员工关系、股权结构、薪酬及商业道德等。2004 年，ESG 理论由联合国全球契约组织（UNGC）首次提出，如今已经成为企业追求可持续发展的有力工具，近年来也逐渐拓展至政府公关和治理领域，成为影响政府决策的重要参考。

一方面，政府通过制定并执行相关的法律法规和政策，对企业在环境、社会和治理方面的行为进行引导和规范。如设定碳排放标准和社会责任指标，以推动企业走可持续发展道路。另一方面，作为政府实现职能的重要工具，公共行政在推动ESG领域的发展中也起到了关键性的作用。政府通过运用公共资金、提供税收优惠等手段，鼓励企业在ESG领域加大投入。同时，政府还通过优先采购符合ESG标准的产品和服务，进一步引导市场需求，推动产业链上下游企业的可持续发展。

二、案例分析

（一）山东栖霞市笏山金矿"1·10"重大爆炸事故

1. 事件回顾

2021年1月10日13时，在山东五彩龙投资有限公司栖霞市笏山金矿基建施工过程中，回风井发生爆炸事故，造成22人被困。事故发生后，涉事企业迅速组织力量施救，但由于对救援困难估计不足，直到1月11日20时才向栖霞市应急管理局报告有关情况。接报后，后者立即成立救援指挥部，投入专业救援人员300余人、40余套各类机械设备，紧张有序地开展救援。经全力救援，11人获救，10人死亡，1人失踪，直接经济损失约6847.33万元。

山东省烟台市应急管理局局长孙树福于1月12日上午举行新闻发布会，通报涉事企业迟报行为。救援指挥部于1月12日上午召开新闻发布会，通报救援工作进度。山东省烟台市副市长李波于1月13日下午召开第三次新闻发布会，通报企业相关责任人追责结果。1月15日，鉴于在本事故中负有重要领导责任，栖霞市委书记、市长被免职。1月18日，救援指挥部发布会通报：已同步启动事故调查工作，由山东省应急管理厅牵头组成事故调查组，将严格依纪依法依规开展事故调查（见图6-1）。1月27日，为深刻吸取事故教训，强化责任措施，坚决防范遏制矿山重特大事故，国务院安全生产委员会约谈山东省人民政府。同日，《人民日报》发布消息，国务院安全生产委员会对笏山金矿事故查处实行挂牌督办。2月26日，山东省人民政府官方网站发布关于山东栖霞市笏山金矿"1·10"重大爆炸事故调查报告的批复，建议给予烟台市委书记等28人党纪政务处分及组织处理。

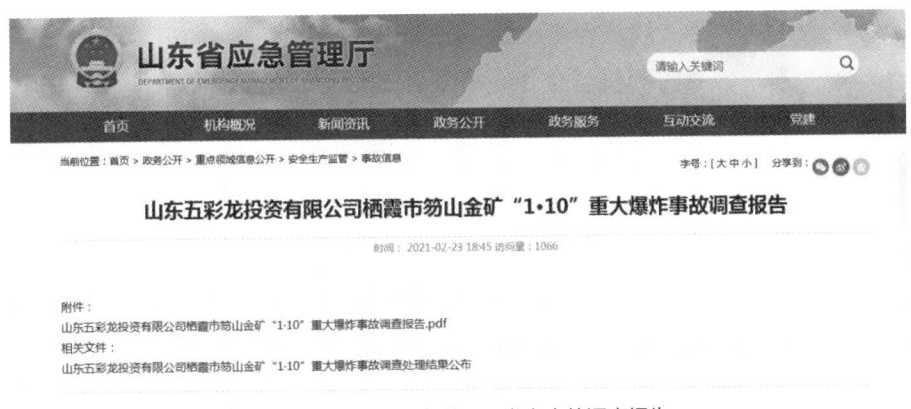

图6-1 山东省应急管理厅发布事故调查报告

2. 事件分析

在此次事件中，事故迟报时间长达31小时，涉事企业虽然组织了救援，却始终没有向栖霞市应急管理部门报告，直到发现救援难度超出自身能力，才揭开盖子，这无异于对生命的漠视。《生产安全事故报告和调查处理条例》中有规定，事故单位负责人在接到现场报告后，应当在1小时内向地方政府部门上报事故信息。然而，涉事企业却存在侥幸心理，事故发生后不是抢时间争取救援力量，而是争取时间将事故"大事化小"，企图逃避处罚。而其中，也存在政府及业务主管部门未认真依法履行安全监管职责的情况。

但在危机发生之后,政府在收到报告第一时间就成立了救援指挥部,快速开展救援,烟台市委、市政府主要领导第一时间赶赴事故现场。当地政府的雷霆救援行动,在极大程度上维护了政府的公信力,安抚了社会公众,缓解了此次矛盾。后续的新闻通报以及对主要责任人的追责,也站在了受害人和社会公众的立场,以他们的利益为主导,深刻树立了政府为人民服务、以人为本的形象。

(二)西安城市形象推广:短视频和文化的深度融合

1. 事件回顾

2018年,西安市和抖音合作,确立以"从西安出发,向全世界讲好中国故事"为主题,正式开始了新一轮推广西安城市形象的新举措。其时,抖音热度最高的话题便是"跟着抖音玩西安"(见图6-2),活动包括吸引抖音用户前往西安看兵马俑、吃西安特色美食羊肉泡馍、去大唐不夜城重临盛世等。抖音同时举办了"西安年·最中国"系列的节庆活动,如在五一期间用千架无人机进行表演。

图 6-2 抖音"跟着抖音玩西安"

2. 事件分析

技术的发展与革新改变了传统媒体的大环境，融媒体时代已经来临。为满足公众的多元化需求，短视频应运而生。短视频即时性、交互性、碎片化、个性化的呈现方式与公众需求具有高度的契合性，同时也有利于推进公众传播带有符号性的城市形象，加深公众心中的城市印象。

在短视频平台上，一碗摔碗酒伴随着《西安人的歌》火遍大江南北。西安这座历史悠久、文化底蕴深厚的城市，也自此被贴上了网红标签。"秦中自古帝王州"，拥有数千年历史的西安，位居中国六大古都之首，是世界四大文明古都之一，有着深远的传统精神和瑰丽的文化色彩。西安是丝绸之路的起点，也是最早开放与西方进行交流合作的城市。可以说，西安不仅具备了当代城市的现代化条件，也独具其特有的历史和文化精神。

西安以文化自信为抓手，虽然长安、兵马俑、大唐芙蓉园等已为群众所熟知，但是这些标签远远不能将一座拥有5000余年的文明史、3100余年的建城史、1100余年的建都史的城市完整地展示在世界面前。而时长短、数量庞大、算法精准的短视频平台正好能够满足这一需求；西安话题爆火，吸引用户关注，短视频平台再一次推荐关联视频，由此形成一个有效循环，文化西安的名片就这样在中国传播开来。此外，庞大的视频数量和多元的个体账号注定了视频内容具有差异性。西安这座城市每一个角落的故事都有可能被记录，每一帧画面都有可能被呈现。短视频的出现，给了西安一个打破传统固有形象认识的机会，向世界展示了更为生动立体的西安。

与宣传短视频相匹配的，是西安如雨后春笋般出现的打卡话题。大唐不夜城作为西安历史与现代的结合体，完美复原了唐风元素，复原了大唐盛世，成为火热的打卡点之一；杨贵妃著名的沐浴场所华清池也吸引了大量的游客；此外，失恋博物馆、永兴坊摔碗酒和毛笔酥等美景、美食亦牢牢抓住了网络受众的猎奇心理，网络话题播放量已超千万次，成功带动了西安旅游业发展，进一步提升了西安的知名度和影响力。

西安充分认识到了自身的独特优势，一改以往庄严沉重的宣传方式，选择了一种更为贴近公众的方式进行宣传。古城墙脚下街头的卖场，钟楼转角对西安的一眼万年，特有的饮料"冰峰"，西安这座城市用独特的场景和片段，缩短了公众与历史之间的距离，深化了公众的参与感。跟随潮流趋势、精准定位受众、撬动互动传播，西安在塑造城市形象上打出了一套成功的组合拳。

（三）北京冬奥会成功举办：ESG 理念的有力实践

1. 事件回顾

北京冬奥会作为一场国际性的体育盛事，不仅体现了中国体育事业的蓬勃发展，更体现了中国政府在国际舞台上的公关能力与智慧（见图 6-3）。作为首个举办过夏奥会、冬奥会的"双奥之城"，北京在本次冬奥会上的政府公关策略展现了高度的专业性和前瞻性，展现了"绿色、共享、开放、廉洁"的办奥理念。

在"绿色办奥"上，北京冬奥会所有新建场馆均满足三星级绿色建筑评价标准，所有竞赛场馆在世界上首次实现 100% 可再生能源供电，雪上场馆注重水资源保护，冰上场馆聚焦能源回收，这一系列举措让北京冬奥会成为一场生态友好型赛事；在"共享办奥"上，北京冬奥会带动 3 亿人参与冰雪运动，加强群众性冰雪运动场地建设，推进交通设施、产业发展、公共服务共建共享，带动群众就业增收，让北京冬奥会遗产普惠于民、共享于民；在"开放办奥"上，北京冬奥组委会同国际奥委会、国际残奥委会、国际冬季单项体育联合会等保持紧密合作，积极促进国际体育、教育、文化等领域的人文交流，同时立足中华优秀传统文化，以全方位、立体化的传播策略展现中国文化自信，将北京冬奥会打造为对外传播的窗口；在"廉洁办奥"上，北京冬奥会践行可持续理念，实现场馆持续利用，此外还对重点领域和关键环节进行全过程监督，确保廉洁办奥。

图 6-3　北京冬奥会开幕式

2. 事件分析

在 21 世纪，国家形象作为软实力的核心象征，已成为不可忽视的国际竞争力要素。2022 年的北京冬奥会是 ESG 理念的一次有力实践，实现了生态、社会和政府治理的动态平衡，成为国家形象塑造和对外传播的大型窗口。这背后离不开中国政府的顶层设计、整体谋划和资源整合。北京冬奥会进一步塑造了文明先进的大国形象和健康良性的国际舆论环境，有效增强了中国与国际社会的理解与互动。

"可持续发展"是中国申办北京冬奥会时提出的三大理念之一，北京冬奥会不仅实现了经济上的可持续，更实现了生态上的可持续。赛事筹备期间，北京冬奥组委会成立了可持续性工作领导小组，在总体规划部设立可持续发展处，还同相关方面联合研究制定了《北京 2022 年冬奥会和冬残奥会可持续性计划》。从赛事筹备、赛事期间到赛会闭幕，可持续发展理念贯穿了筹办和举办工作的全过程，100%可再生能源供电、场馆可持续利用、公共服务共建共享等举措都体现了中国对可持续发展的实践和突破，有力推进了"双碳"目标的实现，为国内外大型赛事的可持续举办提供了中国经验和方案。

（四）贵州"村超""村BA""出圈"："体育+文旅+助农"新模式

1. 事件回顾

2023年3月，贵州省首届"美丽乡村"篮球联赛总决赛在黔东南州台江县台盘村举行，座无虚席，盛况空前。全民关注、全民参与的"村超"（足球）、"村BA"（篮球）两大民间赛事一举引爆互联网，迅速成为当地的"金名片"，大力带动了贵州旅游业的迅猛增长，实现了贵州的强劲"出圈"和消费复苏。

"村超"和"村BA"是两个"村味十足"的赛事，它们举行于农村露天场地，球员都由当地村民组成，连奖品都是鸡牛鱼鸭等地方农产品。这种"接地气"的路线，不仅吸引了大量慕名前来的游客，还吸引了前国足运动员、亚洲足球先生范志毅率队来踢友谊赛，著名篮球解说员于嘉等大咖也莅临开幕赛现场。赛事的影响力早已走出贵州，遍及全国，并扩大成为全国性的村级篮球赛，得到了中国篮球协会的鼎力支持。

图 6-4 贵州"村超"现场

2. 事件分析

贵州"村超"和"村 BA"基于城乡本土特色,开辟出一条行之有效的"体育+文旅+助农"新道路,让人气不断升温的同时也为 GDP 增长提供了新的引擎。虽然目前两项赛事没有门票和赞助收入,但贵州凭借"村超"和"村 BA"这两个 IP 实现了巨大的商业变现,两项赛事带来的商业价值在极大程度上拉动了当地的旅游经济和衍生就业,农产品销售额也屡创新高,为城市形象塑造和乡村振兴提供了"贵州经验"。

贵州"村超"和"村 BA"的"出圈"并非巧合,机缘和人为缺一不可。"村超"和"村 BA"作为活动具有鲜明的在地文化特色,"接地气"是它们区别于众多网红活动的关键标签,这和纯粹的体育竞技精神共同交织,形成了丰厚的无形资产,构成了独具特色的贵州形象识别系统,为贵州提供了"出圈"的原动力。在深厚的体育和文化根基上,贵州在赛事之外还开拓出了本土美食、手工民族服装、特色民宿等延伸产业,乘短视频之风,以灵活的变现之道实现了流量价值的最大化。在爆火"出圈"的下半场，如何让热度持续保温，还需要更多的创新和惊喜，有待贵州继续探索。

（五）山东淄博烧烤爆火："出圈"背后的未雨绸缪

1. 事件回顾

2023年3月，山东淄博因烧烤在网络上火爆"出圈"，摇身一变成为网红旅游城市（见图6-5）。淄博市商务局于2023年3月底公布的数据显示，自2023年3月以来，全市1288家烧烤经营户日均接待人数13.58万人，主城区张店重点烧烤店营业额同比增长35%左右，主城区周边区县周村、临淄重点烧烤店营业额同比增长20%以上。尤其是"五一"期间，淄博吸引了来自全国各地的游客逾12万人次，创下近10年来的客流量最高纪录。

淄博市政府在"出圈"后，采取了一系列治理措施来迎接巨大的客流。政府在第一时间设立了淄博烧烤名店"金炉奖"，成立了烧烤协会，新增了21条烧烤定制专线，举办了淄博烧烤节，还发放了25万元烧烤消费券。与此同时，淄博市政府还加大了执法和治安力度，严格控制食品安全，牢牢稳定物价，完成了一次地方治理的"大考"。

图6-5 小红书"淄博烧烤"搜索界面

2. 事件分析

烧烤并非淄博独有，但唯独淄博以烧烤为差异化特色打开了一片天地。独特的口感、实惠的价格、充足的分量、浓厚的氛围和淳朴的民风都构成了淄博的烧烤文化，融入了淄博人的生活之中。因此，独具特色的烧烤文化和至真至诚的人间烟火气成为本次"出圈"的直接原因。

山东淄博烧烤爆火离不开淄博市政府和市民的未雨绸缪。3月4日，淄博火车站一日到发5万余人次的消息冲上热搜。在通常情况下，自发去一座城市进行小规模旅游不足为奇,然而当地政府敏锐地觉察到形势变化,迅速做出反应,打了一场漂亮的"接应战"。淄博烧烤"出圈"始于互联网,但网络只是放大器,要真正做到热度可持续而不是昙花一现,靠的是政府有关部门、接待单位以及全体市民的共同努力。淄博市政府携手市民共同努力创造良好的营商环境,不仅提高了游客的旅游体验,塑造了良好的城市口碑和形象,还通过多元化的双向沟通拉近了政府和公众间的社会距离,实现了对内和对外公共关系的双赢。

(六)哈尔滨城市公关:变流量为留量

1. 事件回顾

2023年底,哈尔滨以一种出人意料的方式成为新晋网红城市,一举成为全国焦点(见图6-6)。12月18日,哈尔滨冰雪大世界游客预约人数过多,导致入园时间过长,给大量游客带来了负面体验。这本是一件可能会损害哈尔滨城市形象的危机事件,但是哈尔滨迅速做出反应,顺利化解危机。冰雪大世界迅速退票,哈尔滨文旅局局长亲自入园督导,第二天还发布了一封道歉信,承诺改进服务和管理。这一系列举措,让游客感受到了哈尔滨的诚意和担当,也引发了更多人对哈尔滨的关注和兴趣,让哈尔滨的冰雪大世界走进了大众视野。此后,人格化称呼"尔滨""南方小土豆""马铃薯公主"等热梗层出不穷,高频的互动和传播为哈尔滨的互联网热度层层加码，让哈尔滨的相关话题在各个平台的热搜榜单上居高不下。在元旦假期，哈尔滨的旅游收入达到了 59.14 亿元，创下历史新高。哈尔滨的冰雪让东北的冬天变得无比火热，为东北的旅游业开创了新的机遇。

图 6-6　冰雪大世界梦幻奇迹之夜

2. 事件分析

哈尔滨的互联网热度始于一场公关危机，但哈尔滨用堪称典范的公关手段成功转危为机，用一系列举措成功实现了流量留存。哈尔滨市政府在危机发生后第一时间做出反应，遵循了危机公关 5S 原则中的速度第一原则，不仅迅速止息了负面舆论，还带来了大规模的正面反馈。在危机平复过后，真正化"流量"为"留量"的，是哈尔滨从内而外散发的人文关怀。从平息退票风波到"致哈尔滨全市人民的一封信"，从洗浴中心全天候低价开放到把交响乐团搬进商场演出，从私家车无偿接送游客到地铁 2 号线开通双向免费通道，这一系列真诚走心的行动一次次让大众感受到了冰城和冰城民众的温度。哈尔滨处处与游客进行换位思考，善于向大众靠拢，以真诚的服务态度化"流量"为"留量",为哈尔滨城市形象带来了长足的正面效应。

三、策略经验

随着社会经济的不断发展和科学技术的飞速进步,城市形象的构建与塑造越发需要与时俱进。"人们对城市的主观印象,是通过大众传媒、个人经历、人际传播、记忆以及环境等共同作用而形成的。"一个优秀的城市形象能够有效提升城市竞争力,带动该城市社会经济快速发展,促进城市形象的进一步提升,形成健康良性循环。

(一)深度解读城市文化基因,推动城市整体形象个性化

城市文化是当地社会文化的集中体现,不仅代表城市的基础设施建设、社会群体的文化程度,同时还代表城市在发展过程中所创造的精神财富和物质内容,包括艺术文化、科技文化和城市建筑等,如北京奥运会的鸟巢、水立方,四川成都的大熊猫、川剧,江西南昌的八一起义纪念馆等。

城市致力于构建良好的形象,要挖掘城市自身的内在文化,跳出当前各个城市形象雷同、无特色的怪圈,用多元文化吸引海内外游客,这样才能够稳定地带动经济发展,长久地维持所构建的城市形象。唯有大力挖掘城市背后的文化内涵,发展独有的特色文化,并且使之融入城市现代化的每一个角落,才能够真正地向外界展示自身形象,与本地群众、生态和谐相融。就以西安为例,其以"中华文明重要的奠基者和开拓者"为城市核心理念,不遗余力做好历史文化的保护工作,去粗取精,弘扬优秀历史文化精神,在节假日、文化传统节日积极举办各种群众喜闻乐见的文化活动,谱西安人的歌,吃西安人的泡馍,赏西安城墙下的民谣。西安是一座城,也是一颗历史文化的瑰宝。

除了十三朝古都西安,还有英雄之城南昌。这个军旗升起的城市,蕴藏着丰富的红色文化资源，其背后是人民军队诞生和八一南昌起义的辉煌历史。近年来，南昌为宣传红色城市形象，除了八一英雄纪念碑，还加大了对建军雕塑广场、八一起义纪念馆等红色场所的宣传。

塑造城市形象还需要不断挖掘自身独特之处，如果一个城市光有华丽的外表和千篇一律的宣传形式，却没有区别于别的城市的特点，将始终无法凸显自己的特色。以山东为例。一方水土养一方人，热情和好客是外界对山东人的一个突出认知。山东也正是认识到了这一点，凝练出了"好客山东欢迎您"的宣传口号。在山东淄博烧烤爆火之后，这一口号也成为社交媒体互动传播的一个文本载体。而有"魔都"之称的现代化国际大都市上海，则主打时尚、现代、开放、活力、多元的形象塑造。

从自身出发来寻找独特之处，从而塑造城市形象是成功宣传城市的重要方法。从千篇一律的、呆板的城市形象到一个具有特色的、有生机的城市形象，一个城市只有发挥其独特的魅力，才能让大众眼前一亮。因此，城市应深入研究自身的政治、经济、文化等方方面面，提炼出具有高度识别性，被公众认同、喜爱的亮点和特色。

（二）妥善处理重大危机事件，打造立体化城市形象

重大公共危机事件是城市形象重塑的重要契机。重大公共危机事件是指，与社会和公众有重大直接或间接利害关系的大规模突发事件，自然灾害、事故灾难、公共卫生事件、社会安全事件等均属于此类事件。重大公共危机事件对城市形象兼具破坏与建设双重性。

2020年，新冠疫情的暴发，让"先行者"武汉受到了世界的广泛关注。武汉的医护人员、公安民警、社区工作者、志愿者等各行业的群众展示出了强烈的职业精神，普通市民展示出了面对新冠疫情不绝望、不颓废、奋力抵抗危机的坚韧和牺牲精神，武汉"英雄之城"的城市形象因此而清晰、

生动、立体。此外，各家权威媒体也纷纷做出了友好的舆论引导。《人民日报》发布图片微博"武汉加油，有困难我们一起扛"，中央广播电视总台以"武汉加油"为题进行抗疫报道。网民转发"武汉加油"微博或在朋友圈发布"武汉加油"内容为武汉打气。这句口号庄重凝练、朗朗上口，不断被媒体引用，被公众转发。同时，在中国的传统节日除夕、春节、元宵节等节点上，武汉在其标志性建筑物上展现了独特的灯光秀，告诉世界武汉人民坚毅不畏困难和城市必将战胜新冠疫情的必胜之心。

3月17日，首批42支国家援鄂医疗队撤离武汉。武汉发布了32张感恩海报，海报以武汉长江大桥、武汉大学、武汉火车站、黄鹤楼、热干面等武汉特色元素为背景，充分融合了城市和外来医疗队的地域特色，如：面向北京医疗队是"热干面谢谢炸酱面！"；面向四川医疗队则以熊猫为背景，用"春俏和胖妞，谢谢四川老乡啦！"表示感谢。这样的海报形式不仅利于传播，也让武汉"感恩之城"的形象深入全国各地群众心中。

（三）灵活运用多元媒体策略，助力形象传播创新化

就目前看来，传统媒体和新媒体都是城市形象的重要传播渠道。传统媒体更加侧重于在城市形象传播中对公众进行宣传和引导。而对于新媒体而言，其以用户需求为中心，互动性和活跃度高，对城市形象的提升更具落地性和灵活性。

在新冠疫情中，不少新媒体向公众发布短视频、手绘漫画、在线直播等内容，真实地展示了武汉人的生活、行动、情感，成功引起了社会公众的情感共鸣，被广泛传播讨论，从而也丰富了武汉"英雄之城""感恩之城"的形象。

同时，武汉拍摄了《武汉莫慌，我们等你》《阳台里的武汉》和《武汉色彩》三部宣传片，完整地将武汉这段时间的经历与全国各地群众的情绪牵连展现出来，传达了一方有难八方支援、全国人民是一家的精神，挽回了前期受损的城市形象。

　　塑造与传播城市形象，要学会打破传统范式，融入城市特色元素，充分调动多元化传播主体的积极性，凸显创新意识和主体地位，建立城市宣传的长效机制。懂得立足于创新基本点，从目标受众的视角去审视城市元素，精心选择并用心表达，凸显受众主体地位，彰显人文情怀，不断提升城市宣传的高度。

第七章
企业危机传播、管理与品牌塑造
CHAPTER 7

品牌形象代表着一个品牌在市场上、在社会公众心中所表现出的个性特征，体现了公众特别是消费者对品牌的评价与认知。当下，我们所处环境下的任何负面消息的传播速度、影响的伤害程度及消息的持续讨论时间都比以往更快、更深、更久，这无疑加大了品牌对公关危机的处理难度。企业要想立足于当下和长久发展，就必须时刻准备好面对公关危机。

　　无论是避免危机还是解决危机，危机公关都非常重要。想要避免一场失败的危机公关，就要认清楚品牌危机管理的阶段，分阶段、有针对性地做好危机管理工作。无论是企业公关危机造成的负面影响，还是危机公关为企业保驾护航的作用和助益，都体现出了危机公关对企业的重要性。那么，如何构建品牌形象，又如何在危机事件中塑造并维系形象，将是本章研究和探讨的重点。

一、理论概述

（一）卓越公共关系理论

　　卓越公共关系理论由詹姆斯·格鲁尼格提出，该理论强调公共关系在组织整体策略管理上的价值及其战略性作用。该理论认为公关对组织的作用主要体现在两处：一是帮助组织达成其针对战略公众所设定的目标；二是帮助组织与战略公众之间建立长期且健康的关系。卓越公共关系理论是公关领域最具影响力的理论范式之一，被学界广泛认可为"20世纪80年代后公共关系研究的主导理论范式"。

1985年,格鲁尼格带领的研究小组开始了一项研究,该项研究被命名为"公共关系与沟通管理的卓越研究",简称"卓越研究"。卓越研究一直尝试解决并回应一系列"根本性问题",即什么是公共关系?为什么公共关系能够影响到组织目标的达成,并在何种程度上影响到组织目标的达成?由此,格鲁尼格的研究团队提出了10条卓越公共关系原则,这10条原则的核心落点是平等、对等,具体包括以下几点。其一,战略管理必须成为公共关系实践的核心。其二,必须将公共关系纳入组织的权力中心的职责范围,至少做到使公关必须向组织的资深管理部门直接汇报。其三,公共关系必须具备集成性功能。其四,公共关系管理必须与其他管理职能区分开来。其五,公关部门应由管理人员(非技术人员)领导。其六,管理公共关系应使用双向对称模式。其七,公关部门必须具备管理与对等沟通的知识。其八,组织内部必须搭建对等沟通系统。其九,组织内部必须采用多元化的理念,尊重女性、尊重少数民族及弱势族群。其十,组织必须恪守道德,并履行社会责任。[①]这十大原则十分强调组织应将公众视为平等沟通的对象,双方之间应该采用双向对称的沟通模式。

(二)品牌形象论

品牌形象论是大卫·奥格威在20世纪60年代中期提出的理念,是广告创意策略理论中的一个重要流派,对企业公关实践产生了深刻的影响。品牌形象论认为每一则广告都是对整个品牌的长期投资。对企业而言,公共关系战略也是一种长期战略,企业公关行为也会对品牌的长期构建产生影响。企业品牌形象的塑造离不开公共关系管理和广告营销。广告营销是实现特定公共关系所采取的方式方法。通过公关和广告,企业可以将品牌信息和理念传

[①] 黄懿慧,吕琛.卓越公共关系理论研究30年回顾与展望[J].国际新闻界,2017,39(5):129-154.

递给受众，潜移默化对受众心智和态度产生长期影响，从而积累企业口碑，塑造企业形象。因此，企业在进行危机公关活动时，不仅要尝试化解当下危机，还要考虑公关行为对企业品牌的长期影响。

（三）CIS 理论

企业识别系统（CIS, corporate identity system），是对品牌形象论和定位理论的整合和提升。该理论最早起源于一战前的德国 AEG 电器公司，并在战后受到欧美各大企业青睐。企业识别系统包括理念识别系统（MI, mind identity）、行为识别系统（BI, behavior identity）、视觉识别系统（VI, visual identity）。理念识别系统包括企业理念、企业文化、核心价值观等，行为识别系统包括企业制度、行为规范、公关活动等，视觉识别系统包括企业标志、标准字体、标准色等。

良好的企业品牌形象和公共关系离不开一套合理完备的企业识别系统。企业识别系统是企业最顶层的思想战略系统，有助于提高企业形象的传播效率，系统性塑造统一的企业形象。同时，企业识别系统还具有协调企业内外部关系的功能，向内促进员工达成共识，向外获得公众认同，从而提高企业的知名度和美誉度。另外，企业识别系统还可以提高企业的危机应变意识和应变能力，使企业能够根据突发危机随时调整策略，以适应瞬息万变的市场环境。

二、案例分析

（一）全棉时代女性侮辱广告风波

1. 事件回顾

2021 年 1 月 8 日，全棉时代发布广告"全棉小剧场：防身术"（见图 7-1）。在视频中，一名女性被陌生男子跟踪，焦急恐惧之下，她从包里拿出湿巾卸妆，卸妆后扭头问："有事吗，哥？"随后，她因为太丑而吓跑了尾随者，背景中还出现呕吐的声音。广告上线后，引发了网友巨大的不满。网友认为此广告丑化女性、拿性侵开玩笑、含有"受害者有罪论"价值观。随后，全棉时代首先在微博评论中道歉，称"视频为广告创意，仅为突出商品的清洁功能"，并对视频进行下架处理。但有不少网友认为全棉时代的道歉不仅毫无诚意，还借道歉的幌子宣传自己的产品。且全棉时代起初仅在微博评论中道歉，并没有正式发表道歉声明，态度堪称傲慢。

　　随后，此事在网络上发酵，"全棉时代回应反转广告"话题登上新浪微博热搜榜。迫于舆论压力，全棉时代于1月8日下午发布了正式的致歉信，信中称将"立即成立整改小组，对出现的问题进行严格问责"。1月10日晚间，全棉时代再次发布道歉信，文案标题为"来自全棉时代的歉意表白"。全棉时代在道歉信的开头表达了歉意，从第三段开始回顾长达11年的公司历史，细数公司里程碑事件，列举"授权了238个专利""创造了10个填补市场空白的产品""热心做公益"等成就。这封道歉信不仅没有平息舆论，还引发了网友们更大的愤怒。网友称其"毫无诚意""是道歉信还是获奖感言""借着道歉的关注度做营销推广"。

图7-1　涉事广告截图

2. 事件分析

格鲁尼格的 10 条卓越公共关系原则包含"组织内部必须采用多元化的理念，尊重女性、尊重少数民族及弱势族群"，而全棉时代涉事广告以丑化女性为情节卖点，伤害了广大女性消费者的人格尊严，产生了明显的价值观偏移，成为全棉时代企业形象的巨大污点。虽然创意是广告的灵魂，但广告创意也应把握尺度、守住底线，而非一味为了创意而创意，为了反转而反转。作为企业营销过程中必不可少的营销动作，广告是最容易产生广泛影响的一环，由广告酿成的危机也是最易被忽略的一种企业危机类型，需要企业引起足够重视，因此广告上线前的测试、审核环节必不可少。

格鲁尼格认为，均衡和平等是卓越公关的思想前提和行动指南。在企业出现危机后，企业危机公关应该秉持承担责任、真诚沟通的态度。在此次事件中，全棉时代被指"毫无诚意""借着道歉的关注度做营销推广"，从侧面反映出全棉时代并未将消费者置于平等沟通的地位，企业和消费者缺乏对等的双向沟通。在危机事件中，投机取巧的态度只会让人更加反感，将企业推向更为不利的境地。

（二）H&M 称拒绝使用新疆棉花事件

1. 事件回顾

2021 年 3 月 24 日，在瑞典服装品牌 H&M 的官网上，一份"H&M 关于新疆尽职调查的声明"突遭曝光。在声明中，H&M 声称：在世界著名的棉花产地——中国新疆，存在"强迫少数民族劳动和宗教歧视"的问题；同时，H&M 表示，今后将不再与位于新疆的任何服装制造工厂合作，也不从该地区采购产品或原材料。这就意味着，作为一家遍布全球的快消服装品牌，H&M 的任何商品都不会再用新疆棉花的生产制造。

此声明一经曝光，就在新浪微博上引起广泛传播，激起众怒。面对争议，H&M 中国官方微博 3 月 24 日发表声明称，H&M 一贯秉持公开透明的原则管理其全球供应链，并不代表任何政治立场，H&M 并不直接从任何供应商处采购棉花（见图 7-2）。

3 月 24 日晚间，在淘宝、天猫、拼多多、唯品会等电商平台搜索"H&M"或"HM"均无结果，在百度地图、大众点评上也无法搜索到相关信息。小米应用商店、华为应用商店、vivo 应用商店、腾讯应用宝等均下架了 H&M 商城 app。人民日报、央视新闻、共青团中央等多个微博账号发声，并且相继有 50 多位艺人明星与涉事品牌方解约，纷纷就此事表态称"我支持新疆棉花"。

3 月 25 日，全网关于 H&M 的话题热度不降，优衣库、耐克、阿迪达斯、CK、匡威等一系列欧美品牌，被曝光在 2020 年 10 月发布了同样的声明，亦遭到舆论的讨伐，其他 BCI（瑞士良好棉花发展协会）组织成员品牌也被网友抵制。在明星们纷纷和这些品牌解约后，这些品牌的股价大跌，3 月 25 日也被称为"内娱解约日"。数据显示，就单单耐克和阿迪达斯这两个品牌，一天之内市值就蒸发了约 733 亿元，且股价暴跌的趋势还在延续。

3 月 31 日，H&M 发布声明称，对中国市场的长期承诺仍然是"坚定的"，并希望成为"中国和世界其他地区负责任的买家"。值得注意的是，H&M 此次声明没有提到新疆，也没有解释为什么该公司会在 2020 年表示"不再与位于新疆的任何服装制造工厂合作，也不从该地区采购产品或原材料"，再次引发网友不满。

2. 事件分析

在事件发生后，H&M 并没有在第一时间出面平息舆论，其声明也避重就轻、逃避责任，从头至尾都没有对抹黑新疆棉言论道歉，被动敷衍的态度极为明显，并未履行危机公关 5S 原则中的速度第一原则、承担责任原则和真诚沟通原则。

更重要的是，政治因素对于品牌公关有着举足轻重的作用，甚至决定着一个品牌的兴衰。尊重国家主权和领土完整、坚持实事求是的态度是品牌塑造可持续的品牌形象、获得长期经济收益的前提。每个品牌都要对政治话题保持严肃态度，切不可视之为儿戏。同时，品牌还要在各方势力的博弈和风云变幻的市场中保持独立思考的能力。只有时刻保持清醒的头脑，才能长久立足于不败之地。不同国家和地区拥有不同的文化、价值观。每个品牌在面对市场竞争时，都要时刻谨记不要与消费者的文化、价值观认知相冲突。H&M 不仅没有对中国市场表达足够的尊重，还轻视了中国和中国人的爱国主义价值观，必将自食其果。

在此次事件中，主流媒体在报道事实真相的基础上，引导受众将关注焦点集中于澄清新疆棉花的相关谣言、为新疆棉花正名上，同时指出此次事件背后“妖魔化中国”等问题的存在，积极进行议题设置，有效引导舆论方向，足可见在公关事件中，主流媒体的影响力与号召力之大、之强。

HM中国
8分钟前
声明

尊敬的顾客，

H&M集团一贯秉持公开透明的原则管理我们的全球供应链，确保全球范围内的供应商遵守我们的可持续发展承诺如《经合组织负责任的商业行为准则》（OECD Guidelines for Responsible Business Conduct），并不代表任何政治立场。H&M集团通过全球认证的第三方来采购更可持续的棉花，目的是支持世界各地的棉农采取更可持续的种植方式来种植棉花。H&M集团并不直接从任何供应商处采购棉花。H&M 集团一如既往地尊重中国消费者，我们致力于在中国的长期投入与发展，目前在中国与超过350家生产厂商合作，为中国及全球消费者提供符合可持续发展原则的服饰产品。

H&M
2021年3月24日 收起全文

图 7-2　H&M 中国 3 月 24 日发布的声明

（三）元气森林"0 蔗糖"广告宣传事件

1. 事件回顾

2021年1月，知乎网友 KellyWeaver 在知乎上发布了一篇名为"什么？'无糖'乳茶喝了也会胖？：超市常见低糖、无糖饮料的营养学价值点评"的文章。该网友测评了18款饮料，包括奶茶、气泡水、碳酸饮料等，并以元气森林的咖啡味乳茶为例，重点测评了几瓶所谓的0蔗糖乳茶（见图7-3）。

元气森林一直声称，喝元气森林的乳茶"不怕胖"，因为元气森林加的不是蔗糖是果糖，并且一再强调元气森林加的果糖是"低GI食物"。事实上，奶茶里面的奶，无论是乳蛋白、乳脂肪还是乳糖，都是有热量的；元气森林额外加的果糖，热量也和普通的含糖饮料里加的白砂糖（即蔗糖）相差无几。将这些成分的热量加起来，一瓶480毫升的咖啡味乳茶，热量高达206大卡——这相当于一个轻体力活动的18～49岁女性的1/3顿午饭。①

此时，关于"糖"的讨论并未掀起多少风波，直至4月10日元气森林发布了致歉声明。声明中向喜欢元气森林乳茶的消费者表达了歉意，称其产品的标识和宣传没有说清楚"0蔗糖"和"0糖"的区别，容易引发误解。同时表示，自2月4日起生产的大部分乳茶和自3月18日起生产的全部乳茶改为"低糖、低脂肪"；自3月20日起，原料不再含有结晶果糖。元气森林再次强调："乳茶有奶，所以是有糖的。"元气森林还称，凡在元气森林官方店铺购买过乳茶的消费者，联系店铺客服，可以领取20元现金红包。

该则声明在发布当晚并未立即引起较大关注，直至第二日上午，该消息经中国新闻网、央视新闻、头条新闻、凤凰网科技等有较大传播影响力的媒体账号转载后，开始引发网友热议。不少消费者惊呼道："受骗

---

① KellyWeaver. 什么？"无糖"乳茶喝了也会胖？：超市常见低糖、无糖饮料的营养学价值点评[EB/OL].(2021-1-7)[2024-4-23].https://zhuanlan.zhihu.com/p/342603436.

了！""道歉有用吗？我的肥肉不接受道歉！"还有部分网友吐槽元气森林将"道歉"包装成"声明"的举措有失诚心。

舆情自 4 月 11 日傍晚开始发酵，并于 4 月 12 日迅速升至峰值。舆情分析结果显示，事件中网络情绪以负面情绪为主，比例达 63%，中立和正面情绪分别占比 25% 和 12%。此事也引发了各界专家的讨论。此外，某报记者了解到，国家层面将会出台有关 0 添加概念的指导意见，这意味着相关部门会对 0 糖、0 卡、0 脂等概念进行严格控制。

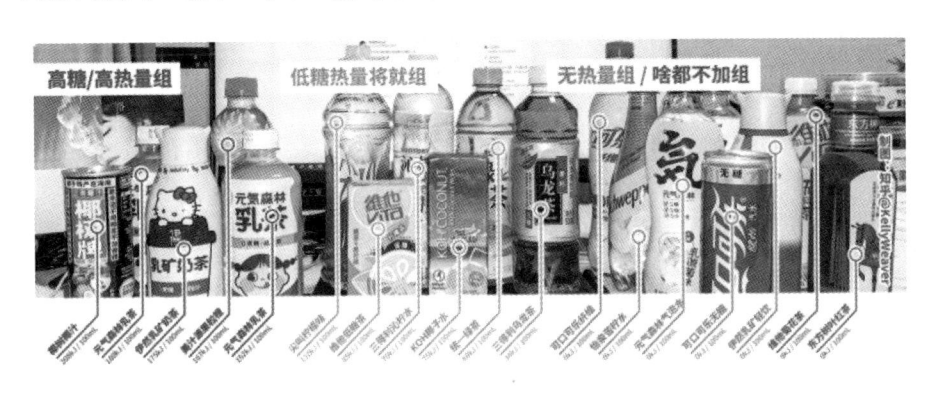

图 7-3 KellyWeaver 撰写的知乎文章

2. 事件分析

虽然元气森林主动承认了宣传上的误导性，并提出了补偿方案，但网友认为其存在将"道歉"包装成"声明"的嫌疑，元气森林有违危机公关 5S 原则中最重要的真诚沟通原则，终究因"不真诚"的态度被自己的行为反噬。无独有偶，在2021年10月26日，淘宝店铺元气森林官方店因运营设置错误价格，请求已下单的消费者在后台申请退款，同样被指责"应当履行责任"，还有网友质疑"营销痕迹明显"。元气森林并没有完全吸取前一次危机事件中的教训，缺乏基本的真诚沟通和责任担当。

号称"0糖、0卡、0脂"的元气森林搭上了人们关注"健康"这个趋势的顺风车，以差异化优势突出重围，这也是元气森林这一新品牌获得成功的重要因素。但是元气森林将重心过度置于营销，而忽略了最本质的产品，最终可能作茧自缚，搬起石头砸自己的脚。正如知乎网友 KellyWeaver 所说："希望每一个食品企业都真正静下心来，以专业过硬的方式打磨产品。"产品是品牌的基础，只有真正将产品做好、做实，才能筑牢品牌长期发展的根基。

（四）钉钉求饶事件

1. 事件回顾

在新冠疫情影响下，教育部发起了"停课不停学"的号召，全国中小学开始广泛使用线上工具进行办公、教学等活动。钉钉作为一个定位为"专为企业打造、旨在提升办公效率"的线上工作平台，由于便捷易用的功能优势，成为教育部指定的中小学生网络学习平台。出于对上网课的抵触情绪，众多学生在应用商店为钉钉恶意打出10万余条一星差评。在经历了11亿次下载后，钉钉发现自己的评分从4.9分迅速跌到了1.6分，徘徊在下架边缘。危机事件发生后，钉钉迅速做出反应，不仅在官方微博上发布"求饶"表情包，还在B站上发布名为"钉钉本钉，在线求饶"的公关视频，采用一系列公关策略让评分逐步回暖，在舆论风波得以平息的同时也重塑了品牌形象（见图7-4）。

图 7-4　钉钉公关视频

2. 事件分析

从钉钉这波公关操作中可以发现，阿里巴巴非常明晰地确定了此次危机公关的目标人群及基调。从危机事件发生到平息，阿里巴巴始终没有发布一篇正式的公关文件，阿里巴巴知道这次的公关对象不是大人，而是孩子，因此公关策略理应有所改变。

对于孩子这个特殊的公关对象，阿里巴巴深知应该用孩子的语气和孩子对话才能起到作用。钉钉将年轻化平台 B 站作为主战场，以"钉三多"及"钉妹钉哥"的动漫卡通形象发布幽默的公关广告，并在平台持续输出"鬼畜"视频，灵活运用当下流行的表情包和网络用语，用自嘲的方式与公关对象平等沟通，收获了巨大的传播声量。当孩子们感受到足够的尊重和理解，他们就会逐渐冷静下来，正视钉钉的问题，最终发现原来这个 app 和他们的朋友一样有趣。

同时，钉钉还用最软的态度唱出了最硬的事实。在视频中，钉钉反复强调自己是"被选中"的，这也就意味着在为自己官方认证的身份正名。视频用"洗脑""鬼畜"的叙事手法一遍又一遍地告诉学生、家长和老师，自己才是网络教学的首席平台。这也为钉钉未来在网络教学平台方面的发展奠定了强有力的基础。钉钉借着这一波危机公关事件，名正言顺地表明了自己在直播教育界的地位。

魔幻的掉分现象和别出心裁的公关，使钉钉在新浪微博等网络社交平台上的热度也一下飙升到了历史最高点。钉钉不仅扭转了学生群体的舆论风向，平息了铺天盖地的负面声音，还因危机事件获得了巨大曝光和大量好评，成功转危为机。

（五）酸菜引发的品牌危机

1. 事件回顾

2022年3月的"土坑酸菜"事件，不仅让直接涉事的插旗菜业等企业受到重锤，也让以插旗菜业为供应商的品牌们猝不及防。"3·15"晚会播出后，"3·15老坛酸菜"话题迅速冲上新浪微博热搜榜第一位，引发了网友大范围的讨论。"土坑酸菜"事件涉及食品安全问题，报道中脚踩酸菜的画面给消费者带来了很大的心理冲击（见图7-5）。为多家企业代加工酸菜制品的插旗菜业，自称"老坛工艺，足时发酵"，却将腌制的酸菜出口、收来的土坑酸菜卖给国内企业，此举直接引发了消费者的失望和愤怒。

事发之后，与插旗菜业等供应商有合作关系的方便面品牌首先卷入舆论，以酸菜为原料的火锅、酸菜鱼、鱼粉等品类也被波及，很多以酸菜为原料、有酸菜口味的品牌纷纷卷入公关大战之中。涉事的企业马不停蹄地撰写道歉文案；而没有安全问题的企业也抓住此次事件，希望能够保全自身，争夺市场。

在社交媒体时代，舆论的发酵速度和复杂程度呈指数级提升，品牌舆论迅速失控。企业或许可以挽回一时的名声损失，却难以弥补受创的消费者信心。消费者的信任危机往往会对企业产生潜移默化的负面影响，一旦消费者在记忆网络中将品牌与"土坑酸菜"相关联，那么品牌就被贴上了不健康、不安全的标签。在三鹿奶粉事件之后，消费者对国产奶粉亦极度不信任，这样的情况一直持续了十几年，直到今天，国产奶粉行业仍然无法摆脱三聚氰胺的舆论阴霾。因此，对于"土坑酸菜"事件的涉事品牌来说，要高度重视此次品牌危机，认清复杂的舆论形势，重建消费者信任。

图7-5 "3·15"晚会上曝光的"土坑酸菜"

2. 事件分析

（1）白象：反应迅速，彰显国货品牌担当

对于没有采用这些土坑酸菜的品牌来说，如果坐视不理，就可能失去一次公关的良机。在消费者心里存疑的情况下，肯德基、今麦郎等品牌第一时间澄清，在减轻消费者怀疑的同时也提升了品牌曝光度。国货品牌白象不仅表达了态度，还进一步赢得了消费者的好感。

白象首先表示自己"身正不怕影子斜"，让大家放心吃，坦荡的回应符合白象的品牌"人设"。经历本次事件，白象抓住了机会让网友对白象产生了更深的了解：白象1/3员工是残疾人，白象长期从事社会福利事业，尽显国货品牌的责任和担当。在竞争对手犯错的情况下，很多网友纷纷转向白象。新浪微博热搜"土坑酸菜曝光意外火了白象"也让白象走入了更多人的眼中，使白象赢得了热度与销量的双丰收。虽然有小部分网友批判白象"坐收渔利"，但更多人看到了白象对品牌责任和理念的坚持。白象可谓提供了一次公关典范。

（2）太二：晒出报告，巩固消费者信任

在众多品牌选择撇清关系、及时割席的时候，太二酸菜鱼下了更多功夫，发表了"求生欲"满满的"太二酸菜安全报告"，主动曝光自己的酸菜制作流程，将供应商、生产流程以图文形式详细告知消费者，尊重消费者的知情权，减少企业与消费者的信息差，最大限度地提升消费者信任。

相比于方便面拥有包括酸菜在内的多种口味，太二酸菜鱼与酸菜高度相关，如果不及时、轻描淡写地进行说明，可能会让品牌陷入无妄之灾，被一同卷入舆论漩涡。太二酸菜鱼的此次公关行为既发布了权威声明，又与消费者进行了高透明度的"对话"，和消费者进行了双向的真诚沟通，把公共关系上升到了关系管理的层面，巩固了品牌与消费者之间的联系。

三、策略经验

（一）多方立场看待问题

每个企业在发展的过程中都会遇到危机，危机是突发且难以预测的，如果企业不能第一时间采取公关手段化解危机，那就会影响企业声誉、品牌形象，对企业未来发展产生直接或间接的影响。那么，企业应对危机有何策略呢？学者胡百精认为："公关在价值体系构建层面的根本使命在于，通过对话成就组织与利益相关者之间的认同、共识和相互承认。"所以在每一次危机公关的过程中，企业首先要尝试从多方视角出发看待问题。主要分为以下几个方面。

1. 对于危机本身

如果要处理好公共关系危机，就需要掌握更合理的危机应对措施。在企业生存和发展的过程中，不同的危机会产生不同的后果，人们对不同的危机给予了不同的关注，因此企业在面对不同危机时应迅速确定危机类型和公关对象，有针对性地选择应对方式。当公共关系危机发生时，企业必须毫不犹豫地做出转变，以改变企业的工作重心，全力以赴地投入现有危机的抢救中，选择损失最小化的战略。

2. 对于媒体层面

互联网时代，传播工具更加先进和多样，现代媒介的传播速度越来越快，传播范围也更加广泛。现代社会，媒体几乎成为公共关系最重要的组成部分。媒体在企业的新闻传播和形象塑造方面有着更为直接的关系。一旦企业陷入危机，公关人员就必须更为妥善地处理媒体关系，尽可能避免大范围的负面评论，同时也要考虑到媒体舆论的导向性作用，谨慎采取公关措施。

3. 对于内部关系

在进行危机公关时，企业不仅要维护好外部关系，还要根据实际情况协调内部关系，对内部公众给予足够的重视。内部公众如果和企业保持一致的立场，就不仅可以自发维护企业公共关系，还可凭借灵活的身份优势充当企业和外部公众的桥梁。因此，企业有必要根据现实的情况来协调内部关系，提高一致对外的企业凝聚力。

4. 对于利益相关者

当我们把危机管理、危机传播理解为多种主题、多项意见发生碰撞之后平等协商的过程，就会让更多的利益相关者进入讨论，从而得出解决问题更优秀的方案。这也有利于引发角色转变，一旦在危机当中允许包括政府、投资人、消费者、客户在内的上下游整条利益链介入，利益相关者就会很快从不屑一顾的旁观者和不顾一切的反对者，转变成为和企业一道解决问题的共同体。

（二）公共精神的响应与倡导

学者胡百精在《危机传播管理》中提到："每个组织为了公共利益和自身可持续发展的需要，皆须响应和倡导公共精神。所谓公共精神，是指公民在公共生活中应该具备的基本价值信念和准则，包括独立的人格精神、社会公德意识、主流价值观念、善待生命世界的慈悲情怀等，它维护社会整体利益，关注社会共同体中每一个个体的权利和尊严。同时，公共精神也可以被理解为那些评判不正义、不公平、不道德的社会行为，激发个体耻感的价值标准和尺度。"企业在日常公关或在危机善后时通过一定方式进行公共精神的响应与倡导，有助于企业建立和维护人们的信任。通过公关倡导公共精神，底线为知耻、不作恶；上限为利用自身资源和表达优势，主动唤起和普及公共精神，而又不滥用之。最常见的方式是，通过多种手段创造社会价值，如进行公益事业宣传、公益营销、社会营销、慈善活动、社会志愿活动和对社会负责的商业实践。

以"鸿星尔克公益事件"为例。河南暴雨引发洪涝，鸿星尔克向河南灾区捐赠5000万元物资并通过其官方微博发布此捐赠公告。网友感慨鸿星尔克捐赠金额与关注度的差距，加上某网友发现鸿星尔克2020年财报显示亏损2.2亿元，故鸿星尔克的捐赠行为很快就引起了网友的热评和传播。网友们经过深度挖掘发现，除了河南郑州的公益事件，鸿星尔克在近10年捐赠了近3亿元，长期支持环保、教育、帮扶等公益事业。

对于"鸿星尔克低调捐款，巨亏2亿元心系灾区"等相关消息，鸿星尔克总裁亲自发文，表示公司转型的过程虽然非常艰苦，但公司也不至于濒临破产，最后依然不忘强调"理性消费"这个核心观念。鸿星尔克总裁积极和网友互动以及交流，倾听网友的建议反馈，甚至直接开始在新浪微博账号招聘。一系列操作使得大批网友涌入鸿星尔克直播间"野性消费"。在抖音连续直播近48小时后，鸿星尔克抖音直播间点赞量超4.2亿次，其3个抖音直播间的累计销售额超过1.9亿元。在48小时之内，鸿星尔克登上了新浪微博、抖音、今日头条、知乎、百度、B站等各个平台的热搜榜。在舆论的推动下，鸿星尔克的销量更是翻了几倍。

在此次事件中，鸿星尔克积极承担社会责任和义务，坚持对公众和社会负责，且并未借机大肆营销爱国情怀、卖惨，彰显了一个企业应有的责任担当。这可谓是一个十分有借鉴意义的公关案例。

第八章
危机公关应对的杭州经验与实践
CHAPTER 8

城市作为人类文明的集合，是区域政治、经济与文化中心。自 20 世纪后期以来，特别是 20 世纪七八十年代以来，人类社会进入复杂现代性社会阶段，工业现代性不断向城市现代性转换，亨利·列斐伏尔将这个时期称为城市社会时期。在此阶段，新技术长足发展，市场经济体制在全球范围内建立，全球化程度得到空前加深，人们对自身和世界的认识也达到新的阶段。同样，人们对综合间性的认识与实践也达到人类历史最高阶段，人的认识能力和实践能力在不断拓展的同时，也在走向异化，知识和生产模式在根本上消解了地方性文明系统。特别是随着城市现代性的深入发展，人类社会在加速积累正面能量的同时，诸多负面性的风险也快速集聚。在新技术革命和全球化背景下，城市化的集聚效应、激发效应、文明效应在不断聚集和激发正能量的同时，也聚集和放大了诸多的危机、问题与风险。[1]德国社会学家乌尔里希·贝克指出，在科技与经济的高速全球化发展下，人类社会已经进入风险社会。在该环境之下，某些局部或是突发性的危机事件有可能演变为社会性灾难。在风险社会视域下，城市危机事件的爆发，往往威胁着居民生活健康、城市形象发展乃至国家形象维护与社会空间稳定。因此，在当今的新媒体语境下，如何合理有效地减少、消除危机，以及承担危机所带来的风险，不仅是个人、组织与企业维持存续与发展必须

---

[1] 祁文博. 复杂现代性视域下城市风险治理研究 [D]. 苏州：苏州大学，2021.

解决的重要问题，也是城市、国家以及社会可持续稳定发展、保障人民幸福与社会长治久安的关注焦点。如何做好城市危机公关应对，积极促使社会舆情平复、转危为机也成为城市、国家所面临的重要议题。

杭州作为历史文化名城，在城市形象、城市品牌的塑造与维护方面均取得了良好成效。在GYbrand编制的2022年度《中国城市100强》排行榜中，杭州位列第五，在经济实力、治理能力、文化体验、居住生活、城市形象、发展潜力等方面领跑第五城之争。此外，杭州在城市治理中，以数字化推动服务型政府建设，推进城市治理能力现代化；凭借专业的公关思维与精准及时的公关处理手段，牢牢将危机及其次生灾害扼杀于萌芽之初……本章节将回顾杭州十几年来的危机公关决策管理方式与实践执行办法，总结杭州在危机事件中系统性妥善处理、转危为机的经验，为城市在危机事件的公关处理中提供可效仿、可借鉴的杭州经验。

一、理论概述

城市，历来作为人类文明的集合，承载着一个区域的政治、经济、文化等。城市聚集着丰富的物质财富与精神财富，同时也是人类社会作用于地理环境的最强烈、最敏感的地区，推进着物质、文化与信息的交流沟通。随着全球化与城市化水平的提高、可持续发展观念的深入，2015年，联合国通过了17项可持续发展目标（Sustainable Development Goals，SDGs），旨在从2015年到2030年以综合方式彻底解决社会、经济和环境三个维度的发展问题，转向可持续发展道路。其中，第十一个目标就明确提出"建设包容、安全、有抵御灾害能力和可持续的城市和人类住区"。国内，党的十九届五中全会首提"韧性城市"概念，指城市能够凭自身的能力抵御灾害，减轻灾害损失，并合理地调配资源，以从灾害中快速恢复过来。而在当前学术和社会语境中，所谓的灾害不仅指自然灾害，更涵括有社会重大影响的事件（如战争、疫情）等维度。近年来，城市危机事件的频发与城市公关意识的缺位，给社会公众、国家都带来了难以消弭的损耗与伤害。

（一）城市危机的特点

1. 全球化时代城市危机事件的不可预知性与紧迫性

危机事件一般具有不可预知性、破坏性、紧迫性与聚焦性等显著特征，而在城市主体下，突发的危机事件往往将辐射区域民众甚至是"破圈"发展。当前信息技术蓬勃发展，人人都是传播者，在危机事件发生的第一时间，每个人都可以成为信源，这也使得危机事件所带来的舆论危机更加棘手且难以控制。此外，城市危机事件也与城市影响力有着密切关系。影响力越大的城市，在面临城市危机爆发时，信息的弥散性就更强。例如，由于日本福岛在此前曾爆发核泄漏事故并影响恶劣，因此当福岛食品被指遭受污染时，一时间全球哗然，日本出口的产品乃至日本全国都遭到了抵制，造成了难以挽回的后果。

2. 全球化时代城市危机事件的跨域性与蔓延性

危机事件往往体现着社会弊病。由于城市人口密集、流动量大，交通、信息技术相对发达，人们之间的联系密切，加上社交媒体发达，突发性危机事件所造成的次生危机比原生危机影响更加重大，甚至从区域性危机演变为全国性危机。如2022年6月唐山烧烤店打人事件，多名男子骚扰不成，暴力围殴女生，造成了难以估量的恶性影响。事件曝光后，网络舆情迅速上升为长期存在且争议不断的性别议题。在警方追捕中，多名涉事男子被公开有黑社会背景且有犯案前科，事件继而演变为以扫黑除恶为主题的社会行动。又譬如江苏丰县生育八孩女子事件，从"超生八孩"到"铁链女"，一经披露便引起了公众的广泛关注。人口拐卖、非法囚禁等恶性犯罪行为相继曝出，加上当地政府发言不清、处理失当，让舆情进一步扩散。

该事件在外网也引起了广泛关注，众多国外媒体纷纷报道，使得这件事发酵成为受国际关注的恶性事件。

（二）城市危机的表现形式

1. 恐慌性市民群体的极化性

当城市内出现流行性传染病、恐怖袭击等严重的社会危机时，城市市民将出现群体性恐慌。非理性抢购就是典型的市民群体性恐慌行为。2020年1月底，当全国民众因新冠疫情而身处紧张中时，新华社官方微博"新华视点"发布消息称，"上海药物所、武汉病毒所联合发现中成药双黄连口服液可抑制新型冠状病毒"。消息一经发出，吸引了大量市民抢购双黄连口服液等药物。

2. 阶层性社会群体的冲突性

城市是多民族、多种族、多阶层市民群居地，在危机事件发生时期，不同族群和阶级将会面临文化行为方面的冲突，官民冲突、拆迁冲突、腐败等，均是国内相对常见的族群和阶级冲突。而在国外，出于种族多元化等多方面原因，族群冲突、阶级冲突更加频繁。此前美国曾发生"5·25"警察暴力执法事件，致使黑人乔治·弗洛伊德死亡，并在全美引发了大规模关于种族歧视和警察暴力的抗议，爆发了如抗议游行、抢砸超市等暴乱行为，城市危机爆发，严重影响了社会安定。

3. 失序性社会管理的混乱性

城市危机的大规模爆发，其背后是潜在社会问题的集中暴露。例如，在此前中日关系紧张时期，民众自发走上街头抵制日货，并滋生如损坏日本品牌车辆、打砸日本商铺等事件，引发社会乱象，造成社会秩序失范。

相较于国外，中国城市化进程的开启时间较晚，政府的城市管理水平仍有发展空间。现如今，数字化的加速推进，也赋予城市管理新的生产力，城市发展提速提质。然而，在城市公共危机管理上，却仍然存在诸如部门间权责不清、危机管理模式落后、现代危机公关意识缺乏等弊病。

4. 生态性风险频发的应急性

在吉登斯看来，现代性带来了三重负面效应：生态破坏、政治上极权主义、军事上战争工业化。[①] 现代城市是按照资本现代性逻辑，通过改造生态环境与自然条件而构筑的特有空间样式。资本使自然人化、环境系统空间化以及生态系统经济化，人类通过不断改造自然、控制自然，实现城市的扩大再生产，从而带来人与自然关系的紧张化。具体表现为两个方面：一是城市内部生态系统的紊乱；二是城市与外部之间物质能量交换的外部生态系统失衡。这种状况持续的后果一定是自然生态的自我循环能力与系统遭到严重破坏，带来一系列的生态危机，最终导致人类发展的不可持续。譬如极端天气带来的城市洪涝灾害、旱灾等，都对人类生活带来了巨大的影响。

二、案例分析

（一）"5·18"杭州富春江突发水污染事件

1. 事件回顾

2014年5月18日3时左右，一辆装载有四氯乙烷的槽罐车，行至320国道桐庐富春江镇俞赵村路段（秀峰加油站）时，发生侧翻，造成四氯乙烷泄漏，部分四氯乙烷流入富春江，造成部分水体污染（见图8-1）。

---

① 安东尼·吉登斯. 现代性的后果[M]. 南京：译林出版社, 2011:6-8.

图 8-1 "5·18"杭州富春江突发水污染事件

3 时许,桐庐县 110 接到了反映化学品运输车辆侧翻事故的报警电话。接到电话后,桐庐消防第一时间赶到现场,并启动应急预案。3 时 18 分,桐庐县环保局接到 110 电话后赶往现场,及时吊装侧翻槽罐车并将其运送至安全区域,阻止装载物继续泄漏;此外,立即对发生四氯乙烷泄漏沟渠两端及下游水沟设置 8 道围坝,围坝在 4 时左右设置完成;同时对下游水沟采用多道活性炭进行拦截吸附处理,对泄漏液进行回收并将其送至暂存场所。

7 时,富阳市政府接杭州市环保局和桐庐县环保局"关于桐庐县境内 320 国道富春江镇俞赵村路段发生一起四氯乙烷运输车侧翻泄漏事故"的通报,通知富春江沿线各取水单位暂停从富春江取水,停止一切渔事活动,从 12 时起暂停供应自来水。富阳市教育局也随即发布通知,以富春江为自来水水源的学校、幼儿园周一均停课,复课时间另行通知。

11 时,事故现场清理完毕,残留在现场的部分四氯乙烷也得到了清除。

12 时,富阳市采取了紧急停水措施。

15 时,此前停止取水和自来水供应的富阳市已经恢复供水。

16 时,杭州市环保局召开新闻发布会,详细通报了该起四氯乙烷泄漏事故的处置情况。浙江省杭州市环保局官方微博 5 月 18 日 12 时起至 17 时许,共发布了四条关于桐庐县境内 320 国道四氯乙烷槽罐车泄漏事故处置情况的通报。

经调查，该车辆为衢州市华丰物流有限公司所有，车牌号为浙HE7390，装载着浙江衢州巨化集团有限公司委托运送的四氯乙烷。经核实，泄漏的四氯乙烷约25.8吨，经应急处置被拦截吸附17.8吨，进入事发地点附近溪沟8吨左右，该溪沟距离富春江2公里左右。

同类事件列举：

2014年4月10日，兰州市威立雅水务集团公司出厂水及自流沟水样中苯含量超标；

2014年4月23日，汉江武汉段水质出现氨氮超标；

2014年5月9日，因长江水源出现异常，靖江全市暂停供水。

自2014年4月初至5月18日，在兰州、武汉、靖江、杭州（富春江）已经连续发生四次起水污染事件，每一次水污染事件的发生都引起了舆论的强烈反响，多次同类事件的叠加更是导致了公众对饮水安全的担忧不断加深，"水质问题"一度成为舆论关注的焦点话题。

因此，富春江水污染事件一经报道，便受到了媒体和公众的集中关注，舆情传播加强。但与前几次危机事件相比，在此次水污染事件中，杭州市的多个部门的应对举措相当迅速，政府多部门配合默契，事件得到了及时妥善的处理，政府的应对也受到了媒体的赞赏。

2. 事件分析

水是生命之源，饮水安全一直是群众切实关心的问题。随着城市化进程加快，生态环境污染的问题日益突出，水污染事件逐渐成为市民群众反映较多的热点问题，如何有效预防、及时控制和消除突发饮用水污染事件的危害也成为当下政府必须重视的问题。针对此次四氯乙烷泄漏事件，杭州市政府积极遵循里杰斯特危机处理的3T原则，强调危机处理时把握信息发布的重要性，对富春江的水污染情况做了及时、全面、真实的信息通报。在事件发生后，杭州市各部门迅速反应，第一时间赶赴现场进行应急处理，并迅速查明原因，采取有效措施，防止事态扩大，有效保障了人民群众身体健康和生命安全，维护了社会正常秩序。

第一，以我为主，真诚沟通。里杰斯特危机处理的 3T 原则的第一原则为 tell it your own，即以我为主提供情况。此次舆情事件发生后，杭州市各部门反应迅速，第一时间赶赴现场进行应急处理。1 小时完成封堵，8 小时现场清理完毕，12 小时恢复常态。在此期间，官方将停水通知通过手机短信等方式及时告知群众。杭州市环保局官方微博还将相关消息实时告知群众，并在短时间内连续以图文结合的方式直播政府的应对过程，有效地安抚了民心，也做到了以官方为主体，与群众进行及时、快速和直接的真诚沟通。

第二，多种媒体，矩阵传播。里杰斯特危机处理的 3T 原则的第二原则为 tell it fast，即尽快提供情况，强调危机处理时政府应该尽快不断地发布信息。在此次事件的处理过程中，传统媒体、新媒体都得到了广泛的运用，自媒体也成为舆情传播的重要平台。利用短信、数字报纸、微博、微信等方式与公众进行对话，可以让公众觉知彼此间地位平等，这样的交流更具备人情味与人文关怀。同时新旧结合，多种方式传播信息也可以确保官方通知能够最大限度覆盖到所涉人群，确保后续工作的开展。杭州市政府还利用新媒体平台的及时、互动性强的优点，把事件的后续信息发布在官网平台，对事件进行跟进报道，完善网络公关。通过评论区、留言区的设置，畅通表达渠道，引导群众理性、正面发言，推动网民的情绪、认知向着正面、积极、健康方向发展。

第三，积极引导，告知真相。里杰斯特危机处理的 3T 原则的第三原则为 tell it all，即提供全部情况，强调信息发布全面、真实，而且必须实事求是。事件发生当日，杭州市环保局官方微博连续发布了四条关于桐庐县境内 320 国道四氯乙烷槽罐车泄漏事故处置情况的通报，将富春江水污染事件的处置过程完整地、全面地告知公众，让公众了解了事件的全貌和真相，缓解了公众的焦虑情绪。

总体而言，针对此次危机事件，杭州市政府在信息公开、应对处理的及时性上可以说进行了"教科书式公关"，杭州市政府官方通报的权威消息迅速被各路媒体捕捉、转载、评论，如《钱江晚报》针对此次事件发布的一篇题为"富春江水污染事件，为杭州点赞"的文章就对杭州对富春江水污染事件的处理予以了赞赏，认为其是一个成功的危机事件处理范例。富春江水污染事件处置过程，其实就是一个直播的过程，一个官民互动的过程。杭州对富春江水污染事件的处理，是个成功的范例。

（二）"7·5"杭州公交车纵火案

1. 事件回顾

2014 年 7 月 5 日 17 时，杭州一辆 7 路公交车途经东坡路与庆春路交叉口时起火燃烧。事故造成 30 多人受伤，其中重伤 15 人，无人员死亡（见图 8-2）。警方从现场取证调查，确认这是一起人为纵火案。事故发生后，省各级领导批示全力救治伤员，尽快抓捕凶手。浙江各级医疗机构也紧急动员，开启绿色通道，调集重症监护、烧伤、外科、呼吸科等多个科室最优秀的医护人员参与救治。杭州市卫生局成立了以局长为组长的救治协调小组，各收治医院也成立了以院长为组长的医疗救治小组全力以赴开展抢救。各级卫生部门还指派经验丰富的心理医生前往收治医院，对伤员及其家属进行心理干预。国内著名的烧伤科专家抵达杭州，对危重病人进行会诊指导。

图 8-2 "7·5"杭州公交车纵火案

2014年7月6日上午，杭州市委宣传部牵头，成立了以多职能部门的新闻发言人与市属媒体集团负责人为成员的事件处置新闻中心，对案件舆情进行分析研判，明确发展引导方向。除以部门为单位明确新闻发言人，救治医院、家属接待单位等机构部门亦同步设立相关新闻发言人，由新闻中心进行前期培训，确保口径统一。

7月7日，从杭州市公安局获悉，经公安机关日夜奋战、缜密侦查，7月5日杭州7路公交车纵火嫌疑人身份已被确定，警方宣布该案告破。

7月6日与7月7日下午，新闻中心于相同时间、相同地点召开新闻发布会，为60余家中央、省、市主流媒体、港澳台驻杭媒体及新浪、腾讯等各大网站通报工作进展和提供新闻采访素材。在新闻发布会中，杭州市政府集中发布了如杭州市民在纵火案中见义勇为、医务人员24小时奋力抢救、公安部门全力侦办案件、交通运输部门开展安全大排查等重要信息，公布了一段事发交通运输路口由交警探头拍摄的市民在现场自发灭火、救助伤员的视频，视频被各大媒体广泛传播，放大了平民善举，获得了广泛共情和支持。

2015年1月28日，杭州市中级人民法院一号法庭正式开庭审理此案，嫌疑人包来旭当庭认罪。2月12日，杭州市中级人民法院对"7·5"杭州公交车纵火案进行一审宣判，被告人包来旭因犯放火罪被判处死刑，剥夺政治权利终身。

4月30日，杭州市中级人民法院依法对罪犯包来旭验明正身，将其押赴刑场执行死刑。

在本次危机事件中，杭州市政府在事件发生后立即紧急部署案件处置工作，并对新闻宣传和舆论引导做出了"及时滚动发布正面消息和权威信息，回应市民关切"的指示。事发当晚，市政府连续召开两次新闻发布会，及时准确地向媒体与公众通报案件情况与伤员救治的权威信息。通过各大主流媒体，舆情得到进一步控制，并向良性发展。杭州市政府网络舆情监测部门也对网络不实信息进行关注处理，联合网站、论坛、主流媒体平台等，滚动发布权威信息，及时清理谣言，防止恶性舆情发生。在杭州"7·5"公交车纵火案中，杭州市政府借由完善有序的组织机构和及时正确的协调机制，顺利引导舆论，使舆论方向一致、声音一致，并将杭州城市的"善"的精神传递给公众，成功维护甚至进一步塑造了杭州美好的城市形象。

2. 事件分析

面对突如其来的公交车纵火事故，杭州市政府此次的危机处理堪称模范，在中国著名危机公关专家游昌乔提出的危机公关5S原则指引下，自上而下，从管理决策到协同执行，都向公众提交了一份完美的答卷。危机公关5S原则是指危机发生后为解决危机所采用的五大原则，包括速度第一原则、系统运行原则、承担责任原则、真诚沟通原则、权威证实原则。

首先，杭州市政府遵循系统运行原则，联动多方力量，以系统性目光正确决断处理该次事件。在事故处理方面,杭州市政府做到了以人为本,承担事故后果并迅速做出指示:一方面联动市内医疗机构开通绿色通道,对受害者进行全力救治,并同步开展工作,介入伤者及其家属的后期心理治疗;另一方面动员警力对嫌犯进行追捕。在媒体宣传方面,自事故发生后第二天,杭州市政府联合各部门及机构成立事件处置新闻中心,向下联合如救治医院、家属接待单位等机构部门进行新闻发言人培训,确保口径一致,避免因各部门、机构发言混乱造成的次生舆情发生,维护政府公信力。

其次,杭州市政府遵循速度第一原则和真诚沟通原则,力图与公众真诚沟通,快速及时回应公众,与媒体做朋友。根据首因效应理论,通过第一印象获得的信息会在人们的头脑中占据主导地位,并且左右其对后来获得的新信息的解释。因此尽快发布权威信息,挤占不实信息的传播空间,是政府在突发事件中引导舆论的第一要义。杭州市政府及时、快速、准确的回应,恰恰将主动权把握在手中,合理利用了首因效应。杭州市政府在事故发生后,就媒体、公众关注的问题与相关事项联动各部门机构进行商议,充分把握主流媒体、网站平台等在公众舆论引导中的重要作用,连续两天向媒体传达案件进度,并有侧重点地给予媒体相关素材,以民间正能量事件引导媒体发文,进而引导公众舆论向良性发展。

最后,杭州市政府遵循了权威证实原则,把握新媒体环境的特点,软硬新闻并重。在新媒体语境之下,引导舆论要特别注重新闻发布的吸引力和感染力,在突发公共事件中,要有人本精神,从公众的角度调整新闻发布的内容和引导舆论的方法。且在恶性突发事故中,谣言等不实信息也是煽动公众的祸端。杭州市政府在事故发生后,加强舆论监测,对含有不实信息的谣言进行剔除,维护了舆论场的清朗;除在杭州网等省市级媒体上发声,更是联合新华社等官媒,将权威声量进一步放大。在官方硬新闻通报之外,杭州市政府同样也注重软新闻的报道,通过媒介议程设置,将纵火事故中的好人好事与杭城市民的善举善行作为软新闻的宣传侧重点,以普通市民的勇敢、善良的人物形象与广大的网友、观众、读者实现共情,以小见大,向公众柔性传递并放大杭州的"善"这一精神品质内涵,进而提升公众心目中杭州的城市精神文明形象。

总体而言,杭州市政府在这一次的公交车纵火案件中的危机公关,从事发后的紧急布局到后续执行的举措都是值得借鉴的。杭州通过危机处理与舆情疏导等工作,不仅没有损害杭州固有的城市形象,还成功为杭州城市精神文明建设提供了良好的契机,向全国人民展示了杭州居民的善良正直,以及杭州这座城市的美好的人文情怀。同时,这也充分展示了政府应当着力培养自身的良好危机公关意识,防患于未然,在面对公共突发事件时充分发挥化险为夷、渡过难关,甚至是柳暗花明、转危为机的能力。

(三)杭州来福士阳性母女事件

1. 事件回顾

2022年4月6日13时18分,杭州市新冠疫情防控指挥部发布消息,4月5日,宁某、党某从省外新冠疫情中高风险地区来杭,接受防疫工作人员调查期间刻意隐瞒行程,造成社会面传播风险,已被上城区公安分局依法立案调查。

4月6日0时至11时,杭州新增1例新冠病毒无症状感染者。该名人员为外省协查人员,已被纳入集中隔离,其核酸检测结果呈阳性。

此事被报道后,引来无数网友热议,而官方辟谣重新让无数网友把关注点放在"来福士阳性母女"身上。"上城发布"微信公众号4月24日消息,4月23日,关于杭州来福士广场阳性母女正式被批捕的图片和视频在网上流传,并传该母女俩收了美国邓白氏咨询公司2万美元去杭州投毒一事,经官方核实,系不实信息。该母女尚在隔离,案件正在进一步办理中。自来福士阳性母女事件后，杭州市政府迅速反应，地铁由只查健康码改为双码联查，市内多个商场停业消杀，所有相关人员就地进行核酸检测。

2. 事件分析

上海新冠疫情暴发，反复牵动着全国人民的心弦。杭州与上海相邻，上海新冠疫情暴发同时也让杭州新冠疫情管控受到严峻挑战，其中就包括来福士阳性母女欺瞒行程来杭一事。而针对此次危机事件，杭州市政府的举措也准确把握了危机公关5S原则，立足速度第一、系统运行、承担责任、真诚沟通与权威证实五大原则，将这次突发性公共卫生安全危机事件圆满解决，并为防止类似危机事件的发生，进一步对杭州全城的防疫管理制定标准。

首先，在面对阳性病例输入的突发性公共卫生安全危机事件中，杭州市上城区政府力争速度第一，第一时间对阳性病例进行了控制，并通过官方媒体对民众进行通报。在通报中，杭州市政府有选择性地将阳性母女途经的场所、时间与实际监控画面等信息进行公开，一方面遏制了因人员信息披露过多所导致的网络暴力等负面舆情的产生，另一方面通过信息公布，警示在杭市民，避免政府与民众之间由信息不对称导致的次生舆情的发生。

其次，杭州市上城区政府充分沟通，促进系统运行，快速动员涉事场所停业消杀与人员核酸检测。在阳性病例确诊后，杭州市政府快速反应，展现杭州市政府高效的系统协作能力。针对与涉事人员存在时空交涉的相关人员，杭州市政府动员社区，防止因漏查而产生卫生安全隐患。

最后，官方权威证实，及时辟谣，阻止恶性舆情发生。母女二人在公共场合似乎有意摘下口罩逗留等画面曝光后，网络上出现了许多阴谋论，网友纷纷指责并认为母女二人是他国势力。为阻止网民对相关不实信息的传播，上城区政府通过官方就他国势力渗入、母女被捕等事宜进行辟谣，稳定民心。

通过真诚沟通、系统安排相关人员解决问题，杭州市新冠疫情态势也趋于平稳，杭州市由此保障了公众生活需求的满足和城市公共空间的有序健康发展。

（四）"7·22"浙江杭州富阳洪涝灾害

1. 事件回顾

2023年7月22日傍晚至7月23日凌晨，浙江省杭州市富阳区突降短时局地暴雨，引发山洪致局部山体塌方和泥石流，涉及大源镇、上官乡、常绿镇等地（见图8-3）。

7月22日18时50分，富阳区及时启动防汛Ⅱ级应急响应。7月23日上午，浙江省政府常务副省长，杭州市市长、常务副市长及省市有关部门领导已到富阳区指挥抢险救援工作，并出动区级综合救援、消防救援、公安交通医疗等救援抢险队伍609支，共6230人，转移涉及危险区域人员1536人。

图8-3 "7·22"浙江杭州富阳洪涝灾害

富阳区委宣传部发布通报称，截至 2023 年 7 月 23 日 14 时，多点、多因素共有 5 人死亡、3 人失联（仍在搜救过程中）；全区发生小流域山洪 32 处、地质灾害险情 144 处、危旧房损坏或倒塌 26 处、电力中断影响 1619 户、车辆进水 42 辆、道路中断 21 处。

浙江省、杭州市高度重视富阳区短时局地暴雨抢险救援应对，省委、省政府和市委、市政府主要领导第一时间批示，到富阳区指挥抢险救援工作。全区上下众志成城，全力以赴投入抢险救援。

截至 7 月 26 日，已完成 29 个村防疫消杀工作。受灾地区 6 条电力线路，电信、联通、移动共计 34.7 公里受影响线路均完成修复。22 条毁损道路全部完成修整。

在此次浙江杭州富阳洪涝灾害事件中，杭州市政府多部门配合默契，应对及时，不仅使事件得到了及时妥善的处理，而且也很好地控制住了舆论环境。

2. 事件分析

面对突发的自然灾害，浙江省政府、杭州市政府集中力量处置，利用著名应急管理专家罗伯特·希斯提出的 PPRR（灾害前预防 prevention，灾害前准备 preparation，灾害期反应 response，灾害结束期的恢复 recovery）理论，通过在危机爆发期反应和危机结束期恢复中的协调处理，在最短的时间内成功化解了危机。

下沉一线，防止危机呈几何式爆发。事件一出，省市政府各个部门联合开展行动，提高行动的效率。7 月 22 日富阳区气象局分别于 15 时 44 分、17 时 3 分、17 时 34 分发布暴雨黄色、橙色、红色预警，区防指全面启动防汛应急响应，区委、区政府主要负责人赴上官乡、大源镇现场指挥，区防指相关负责人到区应急指挥中心坐镇指挥，统筹开展各项救援工作。富阳区交通运输局、供电公司、移动运营公司安排抢险应急队伍，全天候24小时支援现场，做好灾后修复重建工作。其中，区交通运输局在重点做好漫溢毁损路段抢修的同时，加快路面的复运及清洗，加大对公路、水上、在建工程的巡查，提高应急处置效率，确保交通运输安全畅通。有关部门在危机的爆发期，通过通力协作的方式，尽力减少了危机呈几何式爆发的可能性，并且在危机发生后的4天内完成了29个村的防疫消杀工作。受灾地区6条电力线路，电信、联通、移动共计34.7公里受影响线路均完成修复。22条毁损道路全部完成修整。

及时沟通，确保信息透明公开。事件发生后，省市政府于7月23日7时起对应转尽转人员实行每小时一报，确保危险区域人员安全转移；强化应急值守，全区干部职工全力投入防汛抗灾，其中区领导按照包干制度下沉镇街，对转移情况、防控情况开展督查指导。官方实时发送人员救援、伤亡情况，反复核对人员安全保障问题，确保信息透明公开，有力地破除了灾害发生过程中紧急信息传递的障碍。

落实到户，全力保障灾后生活。在灾情稳定恢复期，省市政府仍旧坚守一线，做好灾情续报核报工作，启动救灾响应，组织相关部门和属地乡镇开展灾后自救和重建，对房屋倒塌受灾群众，确保食物、衣物、住宿等及时足量供应。迅速开展防疫消杀，防止灾后传染病等传播，确保人民群众生命和财产安全。

省市政府在危机爆发期反应和危机结束期恢复这两个阶段中都协调各方力量，不仅能够在危机发生之后迅速决策、妥善地处理与应对，也能在危机结束后坚守责任，提供各路资源，充分发挥了政府为公众提供安全保障，保护公民的人身和财产安全，维护公共秩序的职能。

（五）杭州第十九届亚运会

1. 事件回顾

2015年9月16日，亚洲奥林匹克理事会主席艾哈迈德亲王在土库曼斯坦首都阿什哈巴德举行的第三十四届亚洲奥林匹克理事会代表大会上宣布："中国杭州获得2022年亚运会举办权。"杭州成为继北京和广州之后，第三个举办亚运会的中国城市。

2018年6月，杭州亚运村项目开工建设。

8月6日，杭州亚运会会徽"潮涌"发布，这是杭州亚运会的第一个视觉形象标识。会徽的主体图形由扇面、钱塘江、钱江潮头、赛道、互联网符号及象征亚洲奥林匹克理事会的太阳图形6个元素组成，极具杭州辨识度。

图 8-4　杭州亚运会会徽"潮涌"

9月2日，雅加达亚运会闭幕式。"杭州8分钟"如同一幅婉约清丽的江南画卷徐徐展开，向世界呈现了清雅脱俗又不失灵动的杭州气韵，并向全亚洲发出邀请——杭州亚运会不仅是龙争虎斗的竞技赛场，更是其乐融融的亚洲舞台。亚运会正式进入"杭州时间"。

2019年，杭州亚运组委会面向全球发出了吉祥物设计征集的邀约，共收到海内外应征作品4633件。

12月15日，杭州亚运会主题口号揭晓：中文表述为"心心相融，@未来"（读作"心心相融，爱达未来"），英文表述为"Heart to heart, @Future."。

2020年4月3日，杭州亚运组委会发布杭州亚运会吉祥物"江南忆"组合，"琮琮""莲莲""宸宸"三个机器人造型的吉祥物分别代表了世界遗产良渚古城遗址、世界遗产西湖和世界遗产京杭大运河（见图8-5）。

图8-5 杭州亚运会吉祥物

2021年12月29日，杭州2022年第十九届亚运会亚运村竣工仪式举行，仪式宣布杭州亚运村正式竣工。

2022年3月31日，杭州亚运会54个竞赛场馆全部竣工并完成赛事功能验收，各单项组织的国际官员纷纷评价场馆达到了"世界最高水平"，筹办工作进入最后冲刺阶段。

7月19日，亚洲奥林匹克理事会宣布，杭州亚运会定于2023年9月23日至10月8日举行。这是亚运之火第三次来到中国，杭州也再次因体育盛会而吸引了全球目光。

8月4日，在杭州亚运会开幕倒计时50天之际，作为"新亚运，杭州韵"主题宣传片的开幕之作，《亚运Show杭州》正式上线。

8月20日，"新亚运，杭州韵"主题宣传片的第二部作品——《亚运Go杭州》正式上线。

Z视介（app）为杭州第十九届亚运会特别制作的短视频《丹青游》是艺术美学与宋韵文化结合的典范，9月10日一经发布便引发了广泛的关注，并荣登"象舞指数"主流媒体短视频周榜。

9月15日，由浙江广电集团浙江卫视、Z视介推出的亚运创意短视频《爱之城》发布，刷屏全网，登上新浪微博热搜前三。发布第一天，整体曝光量就超2.6亿人次。

9月16日，"新亚运，杭州韵"主题宣传片的收官之作——《亚运In杭州》正式上线。

9月19日，杭州亚运会官方微博发布了亚运会宣传片《潮前》，该片体现了现代化赛博气质，充分展现出新时代与亚洲、与世界的文化交融。

11月15日，浙江省杭州市政府新闻办联合星球研究所创作的后亚运时代杭州的第一部创意宣传片——《全世界 等杭州》上线，杭州迎来后亚运时代。

2. 事件分析

随着经济全球化进程的不断深入，国家间的竞争愈演愈烈，最终会体现在城市之间的竞争上。城市的形象在很大程度上反映了国家的形象，城市管理者关心如何在竞争中脱颖而出，实现城市的可持续发展，城市营销因而被广泛应用。大型体育赛事作为城市营销的重要手段，具有多方面的优势和价值。杭州亚运会是中国历史上规模最大、水平最高、最具影响力的综合性国际体育盛会之一，凝聚了亚洲地区的优秀运动员和富裕崛起的新兴经济体，展现了亚洲体育实力的蓬勃发展。杭州圆满举办了此次亚运会，有很多公关经验值得借鉴。

名人效应，把握城市广告营销。明星宣传城市引发明星效应的意义在于，促进城市的发展和提升城市的知名度。众所周知，当明星到某个城市进行宣传活动时，会吸引大量媒体关注和粉丝追随，这将为城市带来广泛的曝光机会。出生在浙江的中国游泳队运动员汪顺成功在亚运会中荣获4枚金牌，并在男子200米个人混合泳决赛中，以1分54秒62的成绩创造了新的亚洲纪录。汪顺在9月29日出席杭州亚运会"人文亚运"主题新闻发布会，向大家分享了他心中的"人文杭州"。从2002年至2023年，汪顺已经在杭州生活了21年，他认为，杭州是一个极具人文关怀的城市。他说："在亚运会期间，最让我印象深刻的一定是志愿者服务，他们的热情洋溢让全亚洲的运动员宾至如归，感受到家的温暖。"汪顺的发言增加了外界对杭州的了解和关注度，有利于吸引更多游客和投资者前往杭州。其他杰出人物宣传城市还可以带动相关产业的发展。土生土长的杭州人屠红燕入选亚运火炬手，她不仅是浙商的杰出代表，同时也是丝绸界代表、女性企业家代表，在担当火炬手的同时为杭州丝绸代言，展现出一名女性企业家的风采。因此，名人宣传对于城市形象塑造、经济发展和产业繁荣都具有积极意义。

多渠道传播，把握融媒体营销。杭州亚运会以互联网为中介，开展了形式多样的沟通与推介活动，在网上推介杭州亚运会。杭州亚运组委会开通了亚运会的官方网站和微博，作为亚运会的信息平台和工作平台。除了在赛事举办期间对比赛进行全方位报道，官方网站和微博还提供官方订票等服务，并成为亚运会赛事信息对外发布的重要窗口。在杭州第十九届亚运会官方网站上有"城市之窗"与"视频"两个部分，首页这两个部分，通过视频把杭州特色文化与亚运会结合在一起，生动形象地让人们充分认识杭州。同时，根据《杭州微政务生态蓝皮书》统计，目前浙江省主流媒体开办的微信公众号共有718个，其中报纸类424个，广播电视类294个，仅杭州地区的媒体微信公众号就有 191 个。这些公众号不定时宣传，发布与亚运会和杭州相关的文章，让更多的人了解亚运会进程与杭州。杭州亚运组委会与公众参与度高的社交媒体新浪微博达成战略合作，进行相关的话题互动。随着参与人数的增加，新浪微博逐渐成为杭州企业借助亚运会进行营销的有力平台，其中的倒计时活动、话题页与专栏，调动了杭州相关企业及关注者的积极性。借助新浪微博的庞大用户群体，杭州的关注度也增加了。①

创新故事内容，把握内容营销。杭州亚运会在临近开幕进行整数倒计时的节点发布了相应的城市宣传片，从"新亚运，杭州韵"主题宣传片三部曲《亚运 Show 杭州》《亚运 Go 杭州》《亚运 In 杭州》到极具艺术美学与宋韵文化的《丹青游》，到全网刷屏的创意短视频《爱之城》、颇具现代化赛博气质的《潮前》，再到后亚运时代浙江省杭州市政府新闻办联合星球研究所创作的创意宣传片《全世界 等杭州》，这些宣传片在叙事方面将剪纸、贴画等多媒体互动形式引入，同时增加微观叙事内容以及创新性叙事内容，让亚运会宣传片更有趣，更具备传播力和共鸣力。

现实图景建设，把握环境营销。杭州亚运会共建设了 54 个竞赛场馆；同时，截至亚运会前，杭州已经形成了 12 条地铁线路，拥有总长度达 516 公里的城市轨道交通骨干网络，实现了十城区全覆盖（不含市域线），基础设施建设配套齐全。此外，杭州在亚运会举办前后加强了对环境保护和可持续发展的重视，通过多种方式践行绿色、低碳理念，促进可持续发展。在运营管理方面，杭州通过增加绿化覆盖面积，打造"空中花廊"，布置了 500 多公里花卉景观，亮出杭州底色；提倡绿色出行，通过推广电动汽车和非机动交通工具等措施来减少尾气排放，例如推出便捷快速的地铁公交，

---

① 钟巧玲，王昀博.亚运会背景下杭州城市营销策略探究[J].运动精品,2023,42(12):48–49.

推出助力"最后一公里"的小红车，接驳车多为电动车，等等，以提升城市的空气质量；在饮食上，餐具均为可降解环保材料，着力打造"无废"就餐环境；在场馆建设方面，杭州注重选用环保材料，采用节能设计，提高能源利用效率，同时，在亚运会后，这些场馆将被用于公众体育活动，提高场馆的利用率。基础设施建设水平的提高可以反映出杭州在经济、科技、环保等领域的实力和进步，这种实力展示可以帮助外界更好地了解杭州、认识杭州、认可杭州。[①]

此次优秀的公关作业突出了杭州的特色，展示了杭州的产业优势和未来发展方向，提高了城市的国际知名度和形象，带动了相关产业的发展，激发了城市活力，为杭州进入后亚运时代打好了基础。

三、策略经验

随着互联网的普及与深入发展，人类社会进入了一个崭新的、以互联网的广泛运用为标志的新媒体时代。互联网具有开放性、即时性、交互性与海量性的特点，为公众提供了更加广阔的信息交流空间和互动平台；以手机、平板电脑为代表的信息终端，为公众提供了各种便捷的服务。互联网在与公众日常生活紧密结合的同时，也成为社会公众表达民意、监督政府行政活动的一种新渠道，激发了公众参与政治生活的期望，这给政府的危机公关提出了新的要求。

政府危机公关是指在危机事件应对过程中，通过与公众进行信息沟通与传播，塑造良好的政府形象，建立政府与公众间的良好关系，以改善公共危机治理的舆论环境，降低公共危机治理成本，从而提升公共危机治理效能的一种特殊公关活动。在新媒体时代，政府的危机公关面临着机遇和挑战。一方面，新媒体能够在危机事件潜伏期发挥出一定的预警和防范作

---

① 钟巧玲，王昀博. 亚运会背景下杭州城市营销策略探究 [J]. 运动精品, 2023, 42(12):49–50.

用，在危机事件发生时，新媒体能够迅速、及时地传播危机相关信息，此外，新媒体还具有舆论引导和社会动员的强大功能；另一方面，数字技术与网络技术的更新迭代，不断消解着传统媒体的生命力，也在极大程度上削弱了政府信息传播的主导优势。以往政府主导话语权、进行单向传播的局面已经不复存在，取而代之的是"全民皆媒体"。在去行政化、去中心化的网络话语表达空间，公众可以自由表达观点意见，个人意见领袖甚至可以引导话题的走向，颠覆舆论的格局。公众越来越多地通过网络参与国家政治生活，借助新媒体渠道来表达自己的利益诉求，发表个人对于公共事件的看法。这种传播模式的改变也给政府部门的危机应对带来了严峻的挑战。

在过去几年中，突发性公共事件一经网络传播，便会引起广泛的关注与热议，网络媒体具备开放性和匿名性特点，既扩大了群众政治参与的范围，也为谣言的滋长提供了温床。同时，网络传播的即时性又大大缩短了政府危机公关的反应时间，从而加速了危机事件的爆发。这极大地考验了政府危机处理的能力，也使得政府的公信力面临考验。与此同时，伴随着经济的发展，个体意识的凸显与社会分化的进一步加剧，增加了突发性公共危机爆发的频率。在这种复杂的网络环境下，旧有的危机公关处理模式已经难以发挥作用。因此，新媒体环境下，如何革新和完善政府的危机公关模式，提升政府危机公关能力，已经成为一项亟待研究和解决的重大课题。

基于传统的政府危机公关模式遭受挑战的现实困境，结合杭州应对城市危机事件的具体案例，针对新媒体时代下政府危机公关处理，本书大致总结提炼出以下7条对策建议。

（一）革新危机观念，强化防范意识

危机观念陈旧、防范意识薄弱是当前限制政府危机公关能力提升的重

要因素。因此，在社会更新迭代速度不断加快的背景之下，各级政府要以解放思想为先导，提高对危机的思想认识，积极转变传统危机观念，以适应新的时代发展要求。政府应摆脱对固有的行政危机管理体系的依赖，充分利用现有资源，对危机前期的预防、危机中期的处理、危机后期的恢复做出调整，结合危机管理领域专家学者的建议，重新规划出一套能够适应新媒体时代下政府危机公关工作要求的危机管理体系。要转变过去极力封闭信息的处理方式，保障公众知情权，寻求在信息公开中推动危机的化解。也要转变传统的居高临下式的沟通方式与态度，做到相互尊重，重视各类媒体的作用，与公众之间进行人性化、民主化的沟通互动。同时，要加强与经验丰富、专业化的人士的沟通，通过经验技巧交流、开展危机公关演练、从以往的危机公关处理典型案例中汲取经验教训等方式不断开拓思想，提高政府危机公关人员对危机的思想认识，提升其处理危机的能力。

此外，危机的防范也不容忽视。"凡事预则立，不预则废。"危机是时时刻刻潜藏着的，会在某个特殊的情况下爆发出来，处理不当容易给社会带来巨大的影响。因此，要增强危机防范意识，面对危机，要有防患于未然的自觉性，对危机保持高度警觉，尽可能将危机遏制在潜伏期，做到防微杜渐。只有做到未雨绸缪，时刻处于防范中，才能在危机来临时从容不迫地应对，从而将危机带来的危害降至最低。

（二）完善法治建设，健全危机管理

当前，中国已经初步建立了有关危机公关处理的制度体系，有关危机公关处理的规定在《中华人民共和国宪法》、行政法规、地方性法规、部门规章等各层级文件中都有所体现。2006 年 1 月，国务院发布了《突发公共事件总体应急预案》，是中国社会公共危机应急预警体系初步形成的标志。2007 年 11 月，中国施行了《中华人民共和国突发事件应对法》，就公共危

机事件管理中的一些共性问题以及处置过程做出规定。此外，中国还出台了专门针对特殊突发事件的法律法规，各地方政府也相继结合当地实际情况出台了相关文件。这些法律法规，为政府部门危机事件处理工作提供了法律依据。但中国有关危机公关的法律体系仍然不够完善，现有的法律体系与社会状况、危机事件的更新速度不相匹配，相关部门未能及时对新媒体时代下有关公共危机事件应对的法律法规体系做出修订、补充。因此，在新媒体时代下，与危机公关处理相关的法律法规还需更新完善。

要进一步推进法治建设，构建完善的危机公关管理法律法规体系。一方面，要通过中国的根本大法《中华人民共和国宪法》，对危机公关的相关法律制度做出明确规定，同时在基本法律、行政法规和地方性规章中就危机公关处理细节做出具体规定，通过法律文件，明确各级政府在危机事件处理过程中的职责分工，将危机事件的预警管理、应急管理一同纳入法治化轨道，实现危机管理的有法可依。另一方面，要进一步推动政府危机公关管理绩效评估体系的完善，推动政府行政行为与危机公关的融合；建立灵活、统一的危机公关管理协调机制，把政府内部系统和外部社会组织联结成一个大型统一的危机公关管理网络结构，共同承担危机全过程的协调管理工作。

（三）坚持速度第一，及时应对处理

在著名危机公关专家游昌乔总结的危机公关5S原则中，速度第一是一条非常重要的原则。正如地震救灾中的黄金救援时间一样，危机处理也有黄金48小时。而在互联网时代，危机处理也被压缩到了24小时甚至12小时以内。网络信息传播即时性、广泛性的特点使得政府危机公关的反应时间被大大缩短，也增加了政府危机公关的难度。危机管理专家孙玉红认为：在最初12小时至24小时内，是危机决胜的关键时期，错过这一时期，危

机就会进入爆发期。消息在网络空间中以病毒式的裂变方式大范围、高速率传播，谣言和猜测极易乘虚而入，此时，政府若行动迟缓甚至缺位的话，将造成严重的社会影响。因此，面对危机事件，政府必须坚持速度第一的原则，第一时间介入，快速收集信息，判断事件性质，并当机立断做出应对决策，争取控制事态发展的主动权，要及时疏导现场群众，解决事件矛盾，控制事态的恶化和蔓延，同时要将权威信息及时传递给公众与媒体，争取公众协助完成危机处理，把危机带来的损失降到最低。总而言之一句话，政府要在黄金时间内处理并控制住危机的蔓延。

发生在"5·8"杭州富春江突发水污染事件之前的兰州市威立雅水务集团公司出厂水及自流沟水样中苯含量超标事件，就是应对不及时导致了危机的蔓延。早在2014年4月10日17时，兰州威立雅水务集团公司就首次检测到自来水苯指标超标，但直至4月11日12时，权威部门才正式公布水污染事件。从初次检测到向公众告知真相，经过了长达19小时的间隔。在这段时间里，公众处在一个"真空"的未知环境中，很多市民甚至可能已经把苯严重超标的水喝进了肚子。事件处理的滞后和权威信息的前后抵牾，也使得群众的恐慌情绪不断发酵，扩大了危机，导致了谣言肆虐。兰州市民疯狂抢购矿泉水、纯净水、桶装水，破坏了正常的社会秩序，也使得市民对政府的公信力提出了巨大疑问。

（四）确保信息公开，促进沟通互动

美国社会学家高尔顿·奥尔波特曾提出一个流言公式："流言的传播速度 = 问题的重要性 × 公众的不了解的程度。"这个公式意味着：官方公布的信息越多、越透明，谣言存在和传播的可能性就越小；反之，如果公众知晓的信息越少、越模糊，谣言存在和传播的机会就越大。因此，全面、准确地公开信息，既是对《中华人民共和国宪法》规定的公民知情权的保障，也是减少谣言传播的最有效手段。在新媒体环境下，陈旧观念中对于真相"压""堵""瞒"的处理方式，会成为网络谣言肆意生长、传播扩散的诱因，带来一系列负面影响。在危机发生时，政府要第一时间查明真相，积极主动地公开信息，与公众进行沟通交流，舒缓公众焦虑情绪，并整合各类媒介，进行多渠道、立体化传播，达到最佳传播效果，充分提供公众所需信息内容，最大限度地压缩谣言的生存空间。也可以完善新闻发言人制度，利用专家学者引导舆论的易于接受性和社会公众传播的亲近灵活性及时发布信息，加强与公众的沟通互动，避免引起社会恐慌。

新冠疫情期间，世卫组织、国务院、各地政府定时召开新闻发布会，确保新冠疫情信息的公开和透明，第一时间将官方信息传递给媒体，通过权威信息的及时发布挤压谣言和情绪化言论的生存空间，起到了舒缓群众情绪的安抚作用。同时，通过让公众对新冠疫情防控的实际情况有了全面了解和精准把握，从而为公众科学防疫提供指导，也引导公众积极配合政府开展新冠疫情防控工作。火神山、雷神山医院建设"云监工"的慢直播模式也可以被看作信息公开的一种新颖渠道，非常值得借鉴。

（五）合理设置议程，做好舆论引导

著名传播学学者麦克斯维尔·麦库姆斯和唐纳德·肖在论文《大众传播的议程设置功能》中提出了议程设置理论。该理论认为大众传媒通过供给信息和安排相关议程来有效地左右人们关注某些事实和议论的顺序。媒介议程和公众对问题重要性的认识与其接触传媒的多少有关，经常接触大众传媒的人，其个人议程与大众传媒的议程具有更多的一致性。即大众传媒对事物和意见的强调程度与公众的重视程度成正比。在新媒体时代下，网络舆情翻涌反转，变幻莫测，突发性危机事件若是应对不当，极易引爆网络舆论场，从而出现舆情倒逼的现象，使得政府处在一个被动的地位。因此，

切实提高政府行政能力，及时掌握议程设置主导权，建构政府与媒体的双向联动，疏通突发网络舆情，对于解决危机事件带来的风险和挑战是非常有必要的。政府要加强对新媒体议程的控制，做到尽早介入、积极引导，要选择合适的新媒体进行恰当的议程设置，寻找契合媒介议程与公众议程共同关注点的议题进行传播，寻求与不同媒体的合作，使政府决策的权威性与新闻报道的影响力有机结合，让公众的关注点聚焦于政府的正面回应，使政府的政策和工作成为人们关注并广泛讨论的议题，以此来影响舆论的走向，安抚公众情绪，防止危机进一步蔓延，维护政府的良好形象。

除了政府尽早介入议程设置的舆论引导手段，政府部门还要重视对网络空间意见领袖的培养与合作。这里的意见领袖主要指活跃在网络舆论场，具有一定网络关注度和影响力的人物。网络意见领袖具有天然的"粉丝"流量优势，也更加亲近、了解受众群体，通过他们所呈现出的观点、言论更易被公众所接受。因此在危机事件的传播控制过程中，政府可以邀请现有网络意见领袖，又或是打造培育全新的意见领袖来加强网民之间的互动，扩大主流言论的影响，以此来引导网络民意的方向，实现网民群体内部的自我教育与引导。

（六）建立预警机制，加强监控防范

美国危机管理专家罗伯特·希斯在《危机管理》一书中率先提出危机管理4R模式，即缩减力、预备力、反应力、恢复力四个阶段。其中，预备力在危机管理中是非常重要的环节。在新媒体技术下，网络信息传播具有快速、影响力大、匿名等特性，谣言等不当言论极易导致民意受到裹挟、社会矛盾激化、对立情绪滋生等一系列不良情况的发生，从而威胁网络空间安全。因此，政府需高度重视对网络舆情的监测与治理，亟须健全公共危机预警机制和监控体系，完善新兴网络媒体时代下的政府危机公关处理方

式，从源头进行干预。

在数字化技术手段的辅助下，政府相关部门应建立危机事件的相应数据库，灵活运用智能监测技术。首先，在公共危机情境下，政府相关部门应秉持危机公关原则，不仅要做到提高信息公开程度，尽力消除公众信息模糊性，更要对相应数据的收集与分析设立提前预警机制。要坚持"要控更要防"原则，在危险言论萌芽期就将其扼杀，防止其裂变传播。危机预警机制的建立，将有利于政府相关部门迅速抓住有利时机，借助数字力量及时启动救济预案与舆情控制，并通过舆情预警等级，对危机事件后的舆情焦点进行解构分析，及时实施舆论引导方案。其次，进一步强化网络信息监管。通过整合技术审查与人工抽查等检测方式，政府相关部门应当对网络媒体与平台提出更高要求，严管信息发布源头，对舆情相关的内容、情势与价值观等方面进行审查，加强危机事件中舆情的监控与次生危机的防范，减小公共危机事件对政府的冲击力度。

（七）加强人员培训，提升公关能力

危机公关是对行政管理能力的综合性考量，政府工作人员的公关意识和公关能力直接决定着危机公关工作的成败。当前中国行政体系中的公关工作者存在着观念陈腐落后、危机辨识力不足、新媒体技术应用能力较弱等问题，此外，政府危机公关管理部门的人员配备不健全，危机处理和应对的方式也较为落后。因此要加强工作人员培训，既要在理论层面查漏补缺，又要在基本技能和方法技巧方面予以全方位指导，从而培养一批专业型危机公关人才。

要着重培养工作人员的危机洞察能力、理性思辨能力以及危机应对能力，确保工作人员对危机信息和风险苗头保持高度的警惕感和敏锐度，能够灵活运用各种传播媒介进行整合式传播，将现代科技的成果转移到提升工作能力的层面上来，有效防范与化解危机；要提升工作人员讲解交流技巧、网络语言的运用能力，使其与时俱进，以更新潮、更灵活的话语体系与公众进行平等的双向沟通；要注重强化工作人员的新媒体技术运用能力，培育互联网思维与用户思维，使其掌握新媒体运行的规律，主动运用新媒体技术有效预防由政府自身行为失范导致的破坏社会正常秩序的公共危机事件的发生。

第九章
世界会长大会中的公共关系
CHAPTER 9

随着世界经济、技术、文化等发展速度加快,世界各国对于经济、技术、文化等各方面深入交流合作的需求也日益激增,世界会长大会应运而生。举办世界会长大会的初衷是,为全球商会、协会等搭建交流合作的平台,在构建人类命运共同体的生动实践下,不断向世界释放合作共赢的红利。

一、世界会长大会的基本概况

党的二十大报告指出,中国致力于促进世界和平与发展,推动构建人类命运共同体。面对新冠疫情冲击、逆全球化挑战和国际形势的不确定性,社会组织作为政府、企业、社会的桥梁和纽带,在经济、政治、文化、社会、教育、科技等各个领域发挥着独特而重要的治理功能,对于推动经济社会发展、完善全球治理发挥着突出作用。

世界会长大会自 2020 年 11 月首次举办以来,已成功连续举办四届,旨在整合全球资源,畅通国内国际双循环,助力经济发展,积极应对当前国内外经济和安全形势发生的深刻变化,从而更好地助力中国加强国际发展合作,推动全球数字贸易发展和人类命运共同体建设。

世界会长大会连续 4 年的成功举办实现了"高起点、全覆盖、大影响、强辐射"的传播影响。首先,4 届世界会长大会均由杭州市公共关系协会发起并承办,中国人民对外友好协会、杭州市人民政府等共同主办,其中第三届（2022）世界会长大会还被列为经党中央、国务院批准举办的"首届全球数字贸易博览会"配套项目，拥有一个较高的起点。大会主会场设在杭州，辐射中国10个省、区、市，并在全球五大洲的十余个国家设置多个分会场，主分会场进行同步连线，实现全覆盖。其次，4届世界会长大会均以"主会场+分会场""线上+线下"形式举办，与会人数近千人，在线参与人员超过52万人，实现大影响。最后，线下参会人员绝大多数系各国、各级社会组织会长，故世界会长大会是统战工作开展的极佳平台。

世界会长大会的举办顺应了进一步扩大对外开放的社会趋势和要求，体现了构建人类命运共同体的理念，阐述了互联网与数字技术为人类生产、生活、社会、社交等带来的巨大便利，反映了社会组织在促进社会治理、缔造美好生活上的巨大能动性和智慧力量。同时，世界会长大会的举办深刻体现了中国式现代化的浙江探索，是浙江省第十五次党代会提出的"10个着力"主要任务当中，着力推进数字化改革引领系统性变革的具体探索和生动实践，推动浙江省在高质量发展中奋力推进中国特色社会主义共同富裕先行和省域现代化先行。

二、公共关系视域下的世界会长大会

（一）从公共关系视角解读世界会长大会

本书序言详细讲述了国内外对公共关系这一概念的界定，其中有三种定义被认为是对公共关系的经典解读：其一是美国公共关系研究的专家哈罗博士的观点，他将公共关系定义为一种管理职能，它帮助组织建立并维持与公众间的沟通、了解与合作，同时帮助组织了解公众舆论，参与解决问题，预测未来趋势；其二是美国学者希尔兹的观点，他认为公共关系是组织所发生的各种关系和从事的各种活动的统称，所有的关系与活动都具有公众性，具有社会意义；其三是英国人杰夫金斯的观点，他认为公共关系由各种计划性的沟通、交往所组成，目的是运用有说服力的传播去影响重要公众，他强调公共关系是一种沟通过程。因此，本小节将从三种学说对应的管理、关系、传播这三个角度对世界会长大会的作用进行解读，各有侧重。

1. 公共关系是一种管理职能

哈罗博士认为公共关系是一种管理职能，它通过对信息的收集、分享、与内外进行沟通和处理，是一种沟通的桥梁，是处理应对内外部事件及舆论的有效途径。在企业和政府之间，不仅存在着连接政府、企业、地方机构、员工等诸多单位及人员的有效单元，更存在一种协调、沟通、反馈、处理各种复杂关系的有效机制，其在企业运行发展及处理危机过程中发挥的作用已逐步得到认可，俨然已成为现代企业的一项重要管理职能，也是企业战略不可分割的一部分。及时、有效、合适的公共关系管理职能的运用能够为企业发展营造良好的外部环境。世界会长大会作为社会组织，承担着政府与企业之间的媒介功能，它立足全球视野，通过政府行为，积极调动全球浙商的力量共同参与这一盛会。企业则积极借助世界会长大会这一国际化平台，与各国商、协会合作交流、创新发展，踊跃参与投资活动，为政府的招商引资工作助力。

世界会长大会连续四届的顺利召开，积极推动社会组织成为密切联系政府和企业的桥梁，以贸易投资促进为主线，促进政府、社会、企业的有效协同，促进产业链、供应链、价值链的合作，促进人才、项目、资金的流动，持续加速科学、技术、产业的系统性变革，推动中国不断地扩大高水平开发，加速高质量发展，共同培育全球发展新动能，以科技创新增进人类福祉，实现高质量发展。

2. 公共关系具有社会意义

希尔兹认为公共关系是组织所发生的各种关系和从事的各种活动的统

称，所有的关系与活动都具有公众性，具有社会意义。这一定义强调公共关系是一种公众性的、社会性的关系活动，正确认识公共关系，处理公共关系是开展公共关系的出发点和归宿。世界会长大会这一国际会议充分体现了其社会意义下的公众性，主要体现在平台搭建、人才引进几个方面。

世界会长大会这一平台在新冠疫情复杂的国际形势下应运而生，积极承担起社会组织的责任与使命，为后疫情时代构筑全球抗疫防火墙，畅通世界经济运行脉络，提出用心涵养新生态、全力培育新经济、大力布局防火墙、构建命运共同体，以"共抗疫情·共创繁荣"为主题，凝聚社会共识，加强全球合作，全力推动高质量发展的新格局构建，共同打造人类社会美好未来的愿景。作为联系各国商、协会合作交流、创新发展的国际互助平台，世界会长大会搭建跨境投资和人才流动的信息共享平台，畅通商、协会参与全球经济社会治理的研讨通路，积极建设覆盖全球的伙伴关系网络，推动构建新型国际关系，参与全球治理体系的改革和建设。作为一个国际化的社会组织，世界会长大会积极承担自己的职责，推动各类国际组织和商、协会弘扬和平、发展、公平、正义、民主、自由的全人类共同价值观，尊重世界文明的多样性，加强科学与文化的交流，通过不同文明、不同文化之间的对话，促进各国人民相知相亲，共同营造有利于和平发展的国际环境，为构建创新、协同、包容的世界发展格局发挥建设性的作用。

杭州始终牢记习近平总书记"四个杭州""四个一流"的殷殷嘱托，深入学习贯彻习近平总书记关于做好新时代人才工作的重要思想，大力实施新时代人才强市战略，以一流环境吸引一流人才、以一流人才建设一流城市，人才净流入率持续保持全国领先，连续13年入选"外籍人才眼中最具吸引力的中国城市"。世界会长大会以"线上+线下"的形式，在全球16个主分会场中进行同步连线，提供了大量投资信息资源，帮助参会的商、协会把握世界会长大会招商引资工作的难得机遇，从而全面提升招商引资工作的质量水平和实效，为做好"六稳"工作、落实"六保"任务提供有力支撑。世界会长大会充分发挥其传播力和影响力，成功受到国内外商界、科技界各高精尖人才的关注，使之到杭州进行投资创业，由此赋能杭州招商引资和优秀人才引进工作，为广大人才提供创业、就业的肥沃土壤，提供国际化、市场化的营商环境。

3. 公共关系是沟通的过程

从传播的角度来看，杰夫金斯认为公共关系由各种计划性的沟通、交往所组成，目的是运用有说服力的传播去影响重要公众，他强调公共关系是一种沟通过程。公共关系是由为达到相互理解有关特定目标而进行的各种有计划的沟通联络所组成的，这种沟通联络在组织与公众之间进行，既是内向的，也是外向的。世界会长大会每年的主题紧扣党的相关政策报告，顺应了进一步扩大对外开放的社会趋势和要求，积极应对当前国内外经济发展形势。首届（2020）世界会长大会根据"立足国内大循环，畅通国内国际双循环"的重大决策部署，围绕"共抗疫情·共创繁荣"的主题展开了热烈讨论，共议后疫情时代构筑全球抗疫防火墙，畅通世界经济运行脉络，提出用心涵养新生态、全力培育新经济、大力布局防火墙、构建命运共同体，培育复杂形势下国际合作发展新优势。第二届（2021）世界会长大会围绕习近平总书记提出的"数字中国"建设宏伟蓝图，紧贴"大力发展数字经济，加快推动数字产业化""产业数字化"的目标要求，以"数字经济与人类命运共同体"为主题，旨在利用世界会长大会平台，立足全球视野，共商数字赋能城市治理和数字产业化路径，共谋人类命运共同体建设。第三届（2022）世界会长大会为全面贯彻落实党的二十大精神，积极应对当前国内外经济和安全形势发生的深刻变化，助力中国加强国际发展合作，推动全球数字贸易发展和构建人类命运共同体建设，以"数字化背景下人类命运共同体建设：社会组织的使命与担当"为主题举行。世界会长大会的举办体现了丰硕的政治成果、理论成果和组织成果，世界会长大会作为桥梁，坚定不移地推动构建人类命运共同体，向世界展现和平发展、合作共赢的决心和行动。第四届（2023）世界会长大会以"推动建设开放型世界经济：社会组织的使命"为主题，旨在继续推动世界商、协会形成广泛的、机制性的合作，为促进全球各地社会组织之间的交流与合作，推动国际贸易和经济合作，搭建一个重要的社会平台，并使其在构建新发展格局中发挥积极作用。

（二）从城市形象角度解读世界会长大会

城市形象是社会公众对一座城市能够被感知的所有要素的整体印象和综合评价，是城市状况的综合反映。能够被感知的构成要素数不胜数，但只有一些核心要素才是人们形成印象的关键。良好的城市形象并非与生俱来，它源自科学系统的要素管理。城市公关活动亦是如此，时常需要围绕城市形象中某些核心要素展开，以点带面取得效果。本书在第六章"政府危机传播、管理与城市形象"中提出城市形象识别系统这一概念。其中，美国学者 H. L. 加汉姆在 *Maintaining the Spirit of Place:A Process for the Preservation of Town Character* 一书中提出城市识别的要素构成，包括城市形体环境特征和面貌，城市中客观的活动和集会活动，含义或象征。这三种描述意义与企业识别系统中的理念识别系统、行为识别系统和视觉识别系统有异曲同工之妙。城市理念识别系统、城市行为识别系统和城市视觉识别系统三个部分构建起城市自身整体形象。因此，本书将从这三个角度出发，分析世界会长大会如何构建自身整体形象以及与杭州城市形象建设之间有何关联。

1. 世界会长大会的理念识别

理念识别指的是发展理念、发展规划、价值观、个性等精神要素，是整个识别系统的核心。世界会长大会一直积极主动承担起社会组织的使命与职责，旨在集聚各国际组织和商、协会的力量，推动中国不断地扩大高水平开发，加速高质量发展，也推动全球发展人类命运共同体，彰显了以开发合作促进共同发展，增进人民福祉的重要意义。世界会长大会充分发挥遍布世界的浙江商、协会灵活多样、渠道众多、覆盖广泛的资源优势，在中国人民与世界各国人民之间搭建互鉴互学、守望相助的友谊之桥。世界会长大会进行资源整合，不断总结经验，创新发展，充分发挥平台优势，不断壮大队伍，扩大国际影响力，积极响应杭州市推动高质量发展若干项政策落地。消费是经济增长的重要引擎，外贸是经济增长的重要支撑，杭州市将实施"双百双千"拓市场攻坚行动：全年组织150个外贸团组，参加100场以上境外展会，实现出境企业3000家的目标；推动数字贸易高质量发展，培育数字贸易重点项目，支持跨境电子商务交易平台、独立站、海外网络建设等系列举措的实施，努力实现年新增外贸订单1000亿元。世界会长大会的举办覆盖全球五大洲11个国家，吸纳全球订单，为杭州推动经济高质量发展贡献力量。

2. 世界会长大会的行为识别

行为识别指的是动态的活动，包括城市内部的组织、管理以及与外部社会的互通等一切活动。杭州作为全省数字经济发展的"火车头"，积极在以国内大循环为主体、国内国际双循环相互促进的新发展格局中明确使命，在贯彻实施长三角一体化发展国家战略，服务"一带一路"建设等重大工作中扛起责任，将数字经济作为驱动杭城高质量发展的重要引擎，以"数字"驱动产业转型发展，以"数字"变革人民生活方式，以"数字"提升城市治理效能，以"数字"撬动体制机制创新。作为最早拥抱数字经济的城市之一，杭州在2018年提出打造"数字经济第一城"的口号。然而，受新冠疫情影响，2022年1月至11月，杭州数字经济核心产业增加值增速从此前同期的两位数降至3.5%。虽然之所以产生这一结果，是因为受到了新冠疫情、国际冲突等超预期宏观因素的影响，但这也说明，杭州的数字经济到了转型升级的关口。因此，杭州在2023年上半年召开了全市数字经济创新提质"一号发展工程"大会，提到了杭州要高水平重塑全国数字经济第一城，也提到了在未来要纵深推进数字贸易创新突破，深化浙江自贸试验区杭州片区建设，办好全球数字贸易博览会，着力培育跨境电商大平台，推进服务贸易数字化转型。

世界会长大会的举办很好地顺应了这个需求，通过聚集各国际组织，进一步推动杭州市高水平重塑全国数字经济第一城。世界会长大会这一平台汇聚全球力量，搭建高层次、宽领域、多元化的国际交流对话平台，同各国科技界、产业界加强开放合作，共享机遇，互利共赢，面向未来探索新的合作模式，更好地服务于全球经济发展和社会进步。第四届（2023）世界会长大会同时设立开展了第十四届西湖公共关系论坛，该论坛以"后亚运时代杭州城市知名度美誉度提升与公共关系"为主题，探讨了公共关系在后亚运时代赋能城市形象的机遇和挑战，旨在推动杭州国际贸易和经济合作的步伐，不断提升杭州数字化经济的开放能力和水平。

3. 世界会长大会的视觉识别

视觉识别是静态的识别符号，包括城市的市名、市徽、市旗、专用标准字体、标准色以及这些元素在城市基础设施、建筑、地理环境、相关物品、宣传等方面的应用。第四届（2023）世界会长大会以"推动建设开放型世界经济：社会组织的使命"为主题，会议海报以粉色为底色，采用全球地图为底图进行设计，生动体现了世界会长大会走向国际的定位和方向。

"习近平总书记到浙江考察时强调，要完整准确全面贯彻新发展理念，加快构建新发展格局、着力推动高质量发展，聚焦建设共同富裕示范区、打造新时代全面展示中国特色社会主义制度优越性的重要窗口，坚持一张蓝图绘到底，持续推动'八八战略'走深走实，始终干在实处、走在前列、勇立潮头，奋力谱写中国式现代化浙江新篇章。"浙江带着总书记的期望，破难题、解困局，忠实践行"八八战略"，奋力打造"重要窗口"，深入贯彻习近平新时代中国特色社会主义思想。而杭州作为浙江省政治、经济、文化、科教中心，自然也应当在建设"重要窗口"的重任中干在实处、走在前列、勇立潮头。世界会长大会在杭举办已经持续了四年，对杭州城市形象建设发挥了关键性的作用。杭州是长三角地区重要枢纽城市，举办世界会长大会有利于全景式、立体化展现杭州城市形象，推动杭州在打造城市品牌的道路上向前迈进。世界会长大会的召开有助于进一步传播杭州的城市品牌，展示出"重要窗口"的"头雁风采"。

（三）从危机公关视角解读大型国际会议

危机公关是公共关系领域一个十分重要的核心议题，实际上它指的是在危机爆发后，在危机管理过程中利用公共策略与关注事件的公众进行对话与沟通，处理有关负面信息，从而最大限度地弥补损失，重建个人或组织形象。根据危机公关的相关理论，本书将大型国际会议的危机传播过程系统地概括为三个阶段，分别为危机酝酿期、危机爆发期和危机衰退期。在事件发展的不同阶段中，危机传播蕴含着不同的特征，我们将针对不同时期的特征，制定相对应的有效策略。

1. 危机酝酿期

此时危机处于孕育阶段，针对这一时期危机产生的特点，主要的任务是针对国际会议可能存在的风险进行提前的预估和判断，并及时消除危机隐患。以世界会长大会为例，第二、三届世界会长大会举办期间，为应对新冠疫情带来的复杂多变的形势，组委会成立了相关工作专班，集中办公，推进各项筹备工作。针对可能出现的相关事件，及时主动制订预案，落细落实各项新冠疫情防控政策，将一切危机苗头扼杀在摇篮里。与此同时，世界会长大会每年在会议前夕都会举办相关新闻发布会，会上明确会议的主题和主要内容，与广大媒体保持密切联系，向公众公布信息。

大型国际会议涉及国际化的公关问题，需要面对不同国家的政治、语言、民俗、宗教、习惯、法律等方面的复杂情况，应尽量避免引起麻烦与冲突。一方面，主办团队需要培养敏锐的危机公关意识，决策团队主动思考危机酝酿期可能产生的相关工作，并将危机公关意识贯穿工作始终，形成全员危机公关意识。另一方面，建立敏锐的危机预警防控意识，在大型国际会议开始之前，根据以往的经验和现实环境预测，就可能出现的危机制订相应的解决方案，在会议过程中，不断收集和更新信息，做好危机的预判和预防。

2. 危机爆发期

这一阶段的危机事件已经发挥其影响力，这一阶段的举措将起到决定性作用。因此，这一阶段危机公关的主要任务是快速识别危机，根据事件发生的特点制订有效的危机处理方案，以此防止事件的进一步恶化。其中，速度第一原则最为重要。面对大型国际会议可能出现的危机，应在发生后的 24 小时内快速进行应对，只有如此，才有可能迅速在嘈杂的环境中把握话语权，控制可能产生的损失和影响。在公关危机事件发生后，会议相关部门应尽快整理基本情况，及时与媒体联系，向公众传达事件发生的最新状况，并且在处理过程中表达自身积极主动的处理态度和原则，尽可能争取大众的信任和支持。

世界会长大会在会议开始前后应一直与媒体保持积极的联系与交流，通过官方媒体渠道不仅可以拓展世界会长大会宣传的广度和深度，同时能在一定程度上使其成为全球认可的重大公关活动。自举办以来，世界会长大会与媒体保持积极主动的联系，围绕世界会长大会发展的动态，第一时间发出声音，掌握主动权，保证公众的知情权。世界会长大会每年受到国内外媒体的热切关注，在第四届（2023）世界会长大会暨第十四届西湖公共关系论坛举办期间，美国、加拿大、英国、意大利、法国、德国、西班牙、阿根廷、巴西、澳大利亚、印度、新加坡等 12 个国家和中国香港、中国台湾媒体分别以"杭州举办标志性会议：通过全球合作打造开放型世界经济""全球机构领导人在杭州召开 2023 年世界会长大会和第十四届西湖公共关系论坛""杭州见闻：揭开 2023 年世界会长大会的成功面纱"作为新闻标题，对会议进行了报道。

其中包括美国 100 家以上广播电视台及媒体，如国际著名通讯社美国美联社、《数码日报》、著名的门户网站雅虎旗下 10 个国家和地区的雅虎财经网；加拿大 100 家以上著名媒体，如《环球邮报》《国家邮报》《金融邮报》《渥太华公民报》《渥太华太阳报》《多伦多太阳报》《温哥华太阳报》《蒙特利尔公报》《伦敦自由新闻》《温莎星报》《温尼伯太阳报》《埃德蒙顿日报》《埃德蒙顿太阳报》《卡尔加里太阳报》《卡尔加里先驱报》等；意大利 IPS 通讯社也进行了报道。具体见图 9-1、图 9-2。

图 9-1　美联社报道

图 9-2 《环球邮报》报道

3. 危机衰退期

这一阶段逐步进入危机事件发展的收尾期。随着媒体和公众逐渐减少关注的目光，要尽力重建会议良好的形象，取得积极向上的社会效益。管理组织团队应站在宏观层面上对危机处理进行系统性的评估总结，深入分析问题出现的根本原因和最优的解决方案，避免在下次会议中出现同样的问题。

世界会长大会作为全球化的平台，充分发挥自身广泛汇集资源的平台优势，在会议结束后主动整理会场的相关投资信息，汇总投资详情资料，从而更加精准地把握世界会长大会招商引资的定位，全方位提升招商引资工作质量水平，为做好"六稳"工作、落实"六保"任务提供有力支撑。同时，世界会长大会组委会在每届会议结束后，积极主动邀请浙江省委、省政府，杭州市的各级领导进行后续工作交流，各级政府对世界会长大会取得的成绩、经验给予充分肯定，同时继续鼓励世界会长大会充分发挥平台自身优势，紧紧围绕省委、省政府及市委、市政府的工作部署，强化党建引领，发挥社会组织独特优势，有序开展各项活动，坚持开放发展，继续宣传杭州，发展浙江，走向世界。世界会长大会在部署、组织、策划上，要推陈出新，制定有针对性的可行务实措施，让大会更加紧凑、有序、圆满，为大会可持续性发展提供建设性意见。

三、对世界会长大会的展望

世界会长大会的成功举办生动展现了社会组织与政府、学界、商界和公众之间良好的沟通交流，旨在集聚各国际组织和商、协会的力量，推动中国不断地扩大高水平开发，加速高质量发展，也推动全球发展人类命运共同体，彰显了以开发合作促进共同发展，增进人民福祉的重要意义。世界会长大会每年紧紧围绕经济发展环境，以期同世界各国一道，共同担起为人类谋进步的历史责任，为新时代世界经济的发展贡献中国智慧和中国力量，让会议交流成果造福各国人民。本节通过从公共关系的角度解读世界会长大会，分析其自身以及对杭州市产生的影响和意义，并为国际大型会议的危机公关提供生动的案例。为世界会长大会可持续性发展，进一步扩大自身影响力，本书将从以下几个方面阐述对世界会长大会进一步发展的看法和意见。

（一）积极承担社会组织的使命和担当

世界会长大会连续四年成功举办，积极传达了党和国家的各项指示精神，逐步取得了丰硕的政治成果、理论成果和组织成果。会议每年的主题紧紧围绕党和国家的相关政策法规，拥有坚实强有力的理论基础，生动展现了社会组织在促进社会治理、缔造美好生活上的巨大能动性和智慧力量。因此，为进一步扩大国内外影响力，提高会议平台的传播力，加速高质量发展，推动全球构建人类命运共同体，世界会长大会应主动承担起建设社会主义现代化国家的责任和义务，发挥社会组织的重要力量。

为切实贯彻落实党中央为应对世界百年未有之大变局和当前国内外经济形势变化，做出的"立足国内大循环，畅通国内国际双循环"的重大决策部署，首届（2020）世界会长大会以"共抗疫情·共创繁荣"为主题展开会议讨论。同时，为深入主题讨论，首届（2020）世界会长大会邀请行业内外各专家学者参加相关领域的五个平行分论坛，包括：经济双循环之会长使命、数字经济与高质量发展、中外投资论坛、社会治理与公共关系、提振服务业高质量发展论坛。为贯彻落实党的十九届五中全会精神，认真落实十九届中央纪委五次全会工作部署，保障"十四五"规划顺利实施，第二届（2021）世界会长大会围绕习近平总书记提出的"数字中国"建设宏伟蓝图，紧贴"大力发展数字经济，加快推动数字产业化""产业数字化"的目标要求，以"数字经济与人类命运共同体"为主题，进行了会议相关讨论。在党的二十大盛大开幕后，第三届（2022）世界会长大会积极贯彻落实党的二十大精神，积极应对当前国内外受新冠疫情影响后复杂的经济安全形势，以"数字化背景下人类命运共同体建设：社会组织的使命与担当"为主题，助力推动全球数字贸易和人类命运共同体建设。第四届（2023）世界会长大会以"推动建设开放型世界经济：社会组织的使命"为主题，聚焦社会组织在构建全球开放型经济体系中所扮演的重要角色，围绕国际经贸合作、可持续发展、宏观经济趋势等方面展开深刻讨论。同时，在第十四届西湖公共关系论坛上以"后亚运时代杭州城市知名度美誉度提升与公共关系"为主题，探讨公共关系在后亚运时代赋能城市形象的机遇和挑战。

（二）推动建设国际一流营商环境

营商环境是企业生存发展的土壤，土质优劣直接关系到市场主体的活力和经济发展的动力。我们要积极探寻包容新发展路径，为世界经济增长注入积极动力，大力增强与世界商、协会组织广泛的、机制性的合作，激发世界会长大会品牌效应，多措并举厚植发展沃土。

世界会长大会自举办以来，积极推动社会组织成为密切联系政府和企业的桥梁，以贸易投资促进为主线，促进政府、社会、企业的有效协同，促进产业链、供应链、价值链的合作，促进人才、项目、资金的流动，持续加速科学、技术、产业的系统性变革，推动中国不断地扩大高水平开发，加速高质量发展，共同培育全球发展新动能，以科技创新增进人类福祉，实现高质量发展。

（三）助力杭州城市形象建设

世界会长大会连续四年都将主会场设在杭州，全面诠释了杭州奋进新时代、建设新天堂的定位，日后将高水平推进共同富裕、幸福杭州建设，着力提升城市治理现代化水平，不断强化城市大脑的功能，加快建设新型智慧城市和宜居城市，加快打造世界一流的社会主义现代化国际大都市，率先探索具有普遍意义的共同富裕和现代化路径，帮助杭州在稳进提质中扛起省会担当，在"两个先行"中展现"头雁风采"。

世界会长大会在G20杭州峰会后提供了国际社会认知杭州、杭州融入国际社会的新契机。杭州不断完善城市基础环境建设，将城市发展、改善民生相结合，为杭州未来发展会展经济、打造国际会议目的地城市打下基础。与此同时，杭州在成功举办了第十九届亚运会后进一步推动会展旅游、信息服务、文化创意、金融保险等行业发展，促进外来投资增长；城市软实力明显提升，推动城市与市民共成长，促进城市公共服务和管理水平提升。世界会长大会正是在"后峰会，前亚运"这一重大历史机遇下应运而生的，紧紧抓住了杭州发展的新机遇。世界会长大会作为社会组织，在这一时期整体经济稳中有进的发展趋势下，进一步打造国际一流会议平台，成为输出杭州名片、传播杭州声音的重要渠道。同时，杭州作为长三角地区重要的枢纽城市，举办世界会长大会有利于推动杭州在打造城市品牌的道路上向前迈进。

世界会长大会自2020年举办以来，已经辐射国内广东、贵州、重庆、江苏等8个省、区、市，国外美国、英国、俄罗斯、新西兰、西班牙等十多个国家，线上线下共计160多万人参与了互动研讨，在海内外引发了强烈反响，产生了积极效果，受到了国家部委、省、市有关领导及世界各地商、协会会长们的高度肯定。同时，世界会长大会是在国际上进一步展现杭州市承办国际会议的实力和影响力的重要体现，对杭州国际化发展的城市形象塑造形成了一定的累积沉淀。

（四）巩固世界会长大会成果

为进一步拓展世界会长大会这一国际会议平台的影响力和传播力，应不断巩固世界会长大会四年期间取得的成果。四年来，世界会长大会持续不断搭建高层次、宽领域、多元化的国际交流对话平台，同各国科技界、产业界加强开放合作，共享机遇，互利共赢，面向未来探索新的合作模式，更好地服务于全球经济发展和社会进步。

首届（2020）世界会长大会以"共抗疫情·共创繁荣"为主题展开了热烈讨论，达成了广泛共识。同时，本次世界会长大会还成功发布了世界会长大会纪念封，世界会长大会杭州宣言，抗疫先进社会组织、企业和会长名单，"中国营商环境百强市、百强县"榜单，等等。世界会长大会整合了世界各地商会资源，为杭州市的招商引资工作做出了积极贡献，让杭州成为全球瞩目的资本、人才、信息汇聚之城，为杭州"重要窗口"建设注入强劲动力。在世界会长大会影响下，更多海内外商界、科技界的精英人才来杭投资创业，世界会长大会为杭州招商引资和优秀人才引进工作注入强大动力。第二届（2021）世界会长大会以"数字经济与人类命运共同体"为主题，紧紧围绕习近平总书记关于建设"数字中国""构建人类命运共同体"的提议，倡导"发展分享经济，支持基于互联网的各类创新，提高发展质量和效益"。本次世界会长大会还发布了第二届（2021）世界会长大会纪念封、数字经济与人类命运共同体杭州倡议、世界会长投资联盟发起人声明等。第三届（2022）世界会长大会揭牌成立了世界会长全球招商中心，正式上线了"世界商会"数智化应用平台。在会议上，杭州市公共关系协会与海内外31家商、协会签订了共建世界会长大会平台战略合作协议，发布了第三届（2022）世界会长大会首日封，20位知名商、协会会长共同宣读了世界会长（杭州）倡议。本次世界会长大会积极组织与会国际商会会长、国家级社会组织会长和海外侨领赴上城区山南基金小镇考察，并出席上城区招商引资洽谈会，为地方政府招商引资工作助力。本次世界会长大会同时设立开展了第十三届西湖公共关系论坛及数字化专精特新企业董事长和国际会长圆桌会议，围绕世界会长大会主题开展针对性、精准性、有效性讨论和研究。第四届（2023）世界会长大会以"推动建设开放型世界经济：社会组织的使命"为主题，聚焦社会组织在构建全球开放型经济体系中所扮演的重要角色，对国际经贸合作、可持续发展、宏观经济趋势等方面进行了深入探讨，展现了诸多亮点。会上世界各地会长代表共同宣读推动建设开放型世界经济杭州倡议，还发布了第四届（2023）世界会长大会首日封。此外，世界会长大会还同时设立了第十四届西湖公共关系论坛、产业链–投资银行–跨国公司执行官–世界会长圆桌会议、国际经贸规则改革研讨会等三场平行分论坛。其中西湖公共关系论坛自2010年起每年举办一届，截至2022年，已成功举办了13届。第十四届西湖公共关系论坛以"后亚运时代杭州城市知名度美誉度提升与公共关系"为主题，探讨了公共关系在后亚运时代赋能城市形象的机遇和挑战，以及如何通过公共关系搭建桥梁，连接杭州与世界，展现杭州的独特韵味、别样精彩。

世界会长大会在每年为杭州赋能发展的同时，还应不断积极巩固世界会长大会成果。浙商是全球经济的重要构成要素，若政府有关部门能够积极引导其参与世界会长大会，必将激发全球范围内其他社会组织的参与积极性，从而进一步扩大世界会长大会的影响力。

（五）成立世界会长大会国际组织

世界会长大会已经成功举办了四届，来自全球五大洲的数千家社会组织直接参与了世界会长大会的联合承办，数万名社会组织的会长、副会长直接参与了大会的研讨，世界会长大会已经具有广泛代表性。可参照世界互联网大会做法，向外交部申请，成立世界会长大会国际组织，顺应国际发展潮流，呼应国际社会深化对话合作的呼声，以对话交流促进共商，以务实合作推进共享，为构建人类命运共同体贡献智慧和力量。世界会长大会推动各类国际组织和商、协会弘扬和平、发展、公平、正义、民主、自由的全人类共同价值，尊重世界文明的多样性，加强科学与文化的交流，通过不同文明、不同文化之间的对话，促进各国人民相知相亲，共同营造有利于和平发展的国际环境，为构建创新、协同、包容的世界发展格局发挥建设性的作用。集聚各国际组织和商、协会的力量，推动中国不断地扩大高水平开发，加速高质量发展，推动全球发展人类命运共同体，彰显以开发合作促进共同发展，增进人民福祉的重要意义。我们相信，世界会长大会始于中国，属于世界，是国际大家庭共同的平台，中国作为东道国愿为国际组织的高水平运转持续提供支持和便利。

后 记

当今世界处于百年未有之大变局当中，世界经济增长放缓，衰退担忧日益升温，大国之间、各地区之间矛盾加剧，给世界带来了极大的不确定性和不稳定性。与此同时，俄乌冲突、巴以冲突在继续，国际力量对比发生了深刻调整，大国博弈的范围不断扩大，程度不断加剧，全球问题日益严峻。挑战与危机无处不在，这给世界和平，各国发展，以及人民的工作、生活、学习等带来了一系列不确定的因素。

在这样的背景下，杭州市公共关系协会与浙江工业大学联合出版此本专著，深入剖析了危机公关的内在理路与实践逻辑，从适时传播与有效管理的双重维度进行分析，以更好地展现可信、可爱、可敬的国家形象；再从风险社会、跨文化传播、技术变革等角度，探讨了危机公关与传播管理的方式方法，推动各行各业从业人员熟悉公共关系，有理念、懂方式、善实践，熟练掌握和运用现代危机公关的原则方法；最后从政府、企业、行业协会等视角，就抓住后疫情时期有利条件，把握技术变革机遇，加强品牌推介，有效扩大国际影响，应对危机，展现良好形象等展开了一系列案例的探讨与分析。

杭州市公共关系协会系杭州市民政局批准，于2009年4月18日在浙江省人民大会堂成立的一级法人社会组织，上级业务指导单位为中国公共关系协会、中国国际公共关系协会，系杭州市 5A 级社会团体、"改革开放与公共关系 40 年影响力公共关系组织"。15 年来，协会致力于成为公共关系领域的推动者，政府决策的智库，社会认可、公众信任的社会组织。协会积极开展各类公共关系理论研究和实践，推动新时代中国特色公共关系事业健康发展；开展各种高水准的公关活动，履行服务政府职能，参与社会治理。协会已连续成功举办了 14 届在中国内地（大陆）及港澳台地区拥有广泛影响力的西湖公共关系论坛，连续成功举办了 4 届在全球范围内拥有广泛影响力的世界会长大会，连续 12 年组织发布"杭州市年度十大公共关系事件"，连续多年成功举办了上半年经济形势分析会和"6·5"世界环境日全国联动大型环保行动等形式多样、内容丰富的公共关系主题活动，为国内外组织机构、企事业单位和社会团体搭建了沟通交流的平台。立足杭州，面向世界，协会对提升杭州城市国际知名度和美誉度发挥了积极作用；同时也促进了文明交流互鉴，推动了人类命运共同体的构建。

感谢中国人民对外友好协会、中国公共关系协会、中国国际公共关系协会长期以来对协会工作的大力支持与肯定。感谢浙江省、省政府，杭州市委、市政府，以及各职能部门这么多年来对协会工作的大力支持与厚爱。感谢协会老领导、全体成员单位及秘书处各部门 15 年来对协会的倾心付出。感谢浙江工业大学人文学院新闻与传播学硕士研究生陶华钦、蔡静雯、郭小花、苏晓敏、胡洁、杜熹、刘旭、张晓蝶、郑琪琦、陈涵瑶、徐诗雨、胡熙圆、代薇、陈欣宇、张慧强、严臻怡等对本书资料查找、编写的辛勤付出。

由于水平有限，书中一定会有疏漏之处，恳请各位专家和读者批评指正，从不同角度多提宝贵意见，以便不断完善和提高。

刘江
2024 年 9 月于杭州